dtv

Reihe Hanser

W0085869

Elke Reichart
Was heißt hier
RESPEKT?!

dtv

Ausführliche Informationen über
unsere Autoren und Bücher
www.reihehanser.de

Originalausgabe
2. Auflage 2015
© 2015 dtv Verlagsgesellschaft mbH & Co. KG, München
Umschlag: Peter Schössow
Gesetzt aus der Scala 10,5/14 pt
Satz: Bernd Schumacher
Druck und Bindung: Druckerei C.H.Beck, Nördlingen
Gedruckt auf säurefreiem, chlorfrei gebleichtem Papier
Printed in Germany · ISBN 978-3-423-62610-1

Inhalt

Vorwort

Was heißt hier Respekt?!

Fußballer in aller Welt fordern »Respekt« – im Fernsehen und auf Plakaten beschwören sie ihre Fans: »Kein Platz für Rassismus!« Staatschefs schütteln sich mit eisigen Mienen die Hände und versichern sich »gegenseitigen Respekts, über alle Differenzen hinweg«. Ein abgewählter Parteichef zollt seinem Nachfolger zähneknirschend »aufrichtigen Respekt«. Auf Bürgerversammlungen geht es um die »respektbasierte Integration von Menschen mit Migrationshintergrund«, und in einem Leserbrief der lokalen Zeitung klagt ein Uniprofessor über mangelnden Respekt, weil seine Studenten nur noch auf ihre Handys starren. Im Lokalteil empören sich Senioren über die respektlose Jugend, die keinen Platz im Bus mache. In den sozialen Netzwerken wird erbittert diskutiert, ob man auf eine erhaltene WhatsApp-Nachricht sofort antworten müsse (»So viel Respekt muss sein!«), und in einer Talkshow verwendet ein bekannter Rapper das R-Wort fast inflationär – egal, ob es um seine »liebe Mutter« oder irgendeinen gefährlichen »Gangsta« geht.

Es kursieren ganz unterschiedliche Auffassungen von Respekt in unserer Gesellschaft. Die einen verstehen darunter Höflichkeit oder Ehrfurcht, die anderen Gehorsam oder

Angst oder aber auch Toleranz beziehungsweise Akzeptanz. Respekt ist jedoch eine ganz eigene Form der Wertschätzung, Aufmerksamkeit und Ehrerbietung.

Drei eher theoretische Abhandlungen über den Begriff gibt es in diesem Buch: Was ist Respekt? Was hat sich geändert? Und, ganz wichtig, ein ausführliches Kapitel über den Selbstrespekt – wichtig, weil es hier um die Würde des Menschen geht im philosophischen Sinne: »Bediene dich deines Verstands, lass dich nicht unterdrücken, zeige Selbstrespekt.«

Darüber hinaus aber werden in diesem Buch vor allem viele Geschichten erzählt – Interviews mit Menschen, die mir davon berichteten, wie sie Respekt erlebten und wie sie ihn leben in ihrer Arbeit, im Privaten, im Umgang mit anderen und sich selbst gegenüber.

Es gibt ein Handy-Foto von mir, aufgenommen auf dem Platz vor der Münchner Staatsoper, kurz vor der Fertigstellung dieses Buches. Zwei Tage vor Heiligabend waren mehr als 12 000 Münchner zusammengekommen, um für Toleranz und gegen Fremdenfeindlichkeit und Pegida zu demonstrieren. Damals öffneten sich plötzlich die Flügeltüren der Oper, Chor und Orchester traten auf die Treppe heraus und sangen und spielten Beethovens »Freude, schöner Götterfunken«. Hinter ihnen flatterte zwischen den Säulen der Banner »Respekt«, vor ihnen standen die Münchner und sangen mit: »Alle Menschen werden Brüder ...« Meinem Gesicht sieht man auf diesem Foto die Überraschung und Freude an. Endlich einmal keine Aggressionen, keine Wut, keine Schlägereien, dafür das wunderbare Gefühl einer respektgetragenen Gemeinschaft.

Selten haben mich die Arbeit an einem Projekt und das Schreiben von Geschichten so gefordert, mir aber gleichzeitig auch so viel Freude gemacht wie bei diesem Buch. Eine Schwierigkeit gab es allerdings: Jeder meiner Freunde – und ich meine wirklich: JEDER! –, mit dem ich über das Respekt-Thema sprach, hatte eine feste Meinung zu dem, was unbedingt noch in das Buch gehöre. Spontan konnte jeder von einem unverzichtbaren Aspekt, einem eindrucksvollen Menschen oder einem hochaktuellen Hintergrund berichten, ohne den das Buch auf keinen Fall erscheinen dürfe. Das Thema Respekt beschäftigt tatsächlich jeden. Heute bitte ich alle Freunde um Verständnis dafür, dass ich irgendwann akzeptieren musste, dass nicht alle vorstellbaren Geschichten in diesem Buch auch untergebracht werden können. Selbst jetzt, da ich dieses Vorwort schreibe, erreichen mich allein durch die aktuellen Nachrichten ununterbrochen neue Ideen. Respekt vor der Meinungsfreiheit, Respekt im Internet – das alles wird in der Zukunft noch viel problematischer werden, als es heute schon ist. Helfen, das habe ich durch meine Buchrecherchen gelernt, kann da nur der aufrichtige Respekt eines jeden von uns vor seinen Mitmenschen – und ein gesunder Selbstrespekt.

Anstand, Ehrlichkeit, Fleiß: Das alles sind selbstverständlich nach wie vor sehr wertvolle Tugenden. Respekt aber ist der Wert geworden, den man seinen Kindern mitgeben MUSS. Denn Respekt ist der Kitt, der unsere Gesellschaft zusammenhält.

Elke Reichart

Was bedeutet Respekt?

Der Respekt wird in unserem Wertesystem als »extrem wichtig« eingeordnet – in der Organisation komplexer Systeme wie Bildung, Wirtschaft oder Politik ebenso wie im täglichen Miteinander der Menschen. Jeder wünscht sich Respekt, jeder möchte anerkannt werden.

Das Problem ist, dass sich jeder unter Respekt etwas ganz Bestimmtes vorstellt, das nicht unbedingt mit den Erwartungen seiner Mitmenschen übereinstimmt. Respekt erscheint in vielen Formen, Missverständnisse sind oft nicht zu vermeiden.

Dr. Tilman Eckloff ist Respektforscher, er hat die Bedeutung des Respekts in Schule, Beruf und Gesellschaft wissenschaftlich untersucht. In diesem Buch nimmt er sich des Themas in zwei Kapiteln an.

Dr. Tilman Eckloff, Teil I: Respekt und seine Abgrenzung

Eine Annäherung an einen schwierigen Begriff

Ein Gespräch mit Dr. Tilman Eckloff

Die RespectResearchGroup

Die »RespectResearchGroup« wurde 2003 von den beiden Psychologen Dr. Tilman Eckloff und Professor Niels van Quaquebeke in Hamburg gegründet: Eine der Universität angegliederte Forschungsgruppe, die Modelle entwickelt für den respektvolleren Umgang in unserer Gesellschaft. Ein Zusammenschluss von Jungwissenschaftlern der unterschiedlichsten Disziplinen, für die der Respekt der »Kitt der Gesellschaft« ist – ein bis heute in Deutschland einzigartiges wissenschaftliches Modell.

Der RespectResearchGroup geht es in ihrer Forschung um das systematische Untersuchen des Begriffs Respekt mit der Möglichkeit einer praktischen Anwendung für das Handeln in unterschiedlichen Feldern. Auf der Grundlage existierender philosophischer Ansätze und der empirisch (also mithilfe von Verfahren, die auf überprüften Erkenntnissen beruhen) arbeitenden Psychologie wird ein allgemeines theoretisches Rahmenmodell entwickelt. Für das, so die Überzeugungen der Wissenschaftler, inzwischen ein dringender Bedarf existiert: »Die Annahme, dass es für alle

Menschen gemeinsame oberflächliche Kriterien gibt, die respektiert werden müssen, ist überholt. Mit Vielfalt umzugehen ist die Chance moderner Demokratien, die sich auf jeder Ebene abbildet, sei es in der Partnerschaft, in der Bildung, in der Politik oder in der Wirtschaft.«

Dr. Tilman Eckloff

Zum Interview kommt Tilman Eckloff, einer der beiden Gründer der RespectResearchGroup, im Kapuzenpullover und mit Rucksack; er ist 1975 geboren, blond, groß, schlank und allerbester Laune, was sich auch nach drei intensiven Gesprächsstunden nicht geändert haben wird.

Sein Lebensthema »Respekt« war bereits in seinem Elternhaus ein unanfechtbarer Grundwert gewesen. Vater und Mutter Eckloff lebten dem Sohn die Achtung vor der Natur vor, und darum marschierte Tilman Eckloff schon als Kind auf Demonstrationen gegen das Waldsterben mit, er protestierte gegen Atomkraft und hüpfte vor Giftmülldeponien durch die Reihen der Polizisten. »Ich hatte den festen Glauben an eine gerechtere Gesellschaft.« In seinen Visionen lebten glückliche Gleichgesinnte gleichberechtigt in Kommunen und verwirklichten friedlich und respektvoll den Aufbau einer schönen neuen Welt.

Bis zu der verhängnisvollen Woche im »Ökotopia«-Camp in den Pyrenäen, in dem der Gymnasiast Tilman mit Gleichgesinnten aus aller Welt Modelle für ein besseres Miteinander entwerfen wollte. Das Lagerleben nahm seinen friedlichen Lauf – bis plötzlich spanische Polizei-Hubschrauber am Himmel auftauchten und die vermeintlichen Terroristen observierten. Im Camp folgte eine Krisensitzung der anderen, es wurde diskutiert, was zu tun sei – nervenzermürbend, stundenlang, begleitet vom an- und abschwellenden Lärm der Hubschrauber.

Mittendrin meldete sich bei Tilman ein nagendes Hungergefühl. Im Gegensatz zu den anderen hatte er völlig vergessen, sich am inzwischen geschlossenen Küchenwagen zu versorgen. Er bat einen Mitbewohner, der mit drei dicken Käsebroten unter einem Baum saß, mit ihm zu teilen. »Bis heute habe ich seinen kampfbereit-verschämten Blick nicht vergessen und die Art, wie er seine Hände über dem Essen verschränkte. Für ihn war klar: Abgegeben wird nichts. Mir aber wurde auch etwas klar: Wenn die Ressourcen knapp sind, ist Schluss mit der gerechten Gesellschaft. Dann denkt jeder nur noch an sich selbst.«

Eine interessante Lektion für den jungen Idealisten. Tilman Eckloff zog daraus folgende Lehre: Wenn man will, dass alle gemeinsam etwas erreichen wollen und zufrieden sind, muss man die richtigen Strukturen dafür schaffen. In der Praxis hätte das im Camp durchgehende Öffnungszeiten für den Küchenwagen bedeutet. Und in der Theorie: die prinzipielle Anerkennung des gleichen Rechts aller auf freie Entfaltung. Mit anderen Worten: Respekt. Tilman hatte viele Illusionen verloren, aber sein Lebensthema gefunden.

Tilman Eckloff: Was ist Respekt?

Re/spic/ere, (lat.) u.a.: zurückschauen, berücksichtigen, beachte dich selbst, überdenke dich selbst

Etwas respektieren heißt zunächst einmal: es genau zu betrachten, es ernst zu nehmen, es klar und deutlich so wahrzunehmen, wie es ist. Respekt drückt sich aus in der Anerkennung des Mitmenschen mit allen seinen Gegensätzen als eine Person, die das gleiche Recht hat wie ich, sich frei zu entfalten.

In einer respektvollen Gesellschaft erkennen sich die verschiedenen Menschen wechselseitig als gleichwertig an. Das ist das Grundprinzip. Und darauf wird aufgebaut: Man handelt anschließend miteinander aus, wie die Ausgestaltung des Miteinanderlebens konkret aussehen soll. Das kann sehr unterschiedliche Formen annehmen, aber die wesentliche Voraussetzung ist die Haltung, den anderen wirklich wertzuschätzen, ihn für wichtig und ernst zu nehmen.

Ohne Respekt kann der Einzelne in unserer Gesellschaft keinen sicheren Ort für sich finden. Respekt ist die Grundlage, um in einer komplexen Gesellschaft in Frieden und Freiheit leben zu können.

Ein Mangel an Respekt kann unglücklich und krank machen, er zerstört Beziehungen und ist häufig der Grund für Partnerprobleme, Familienzwist, Sinnkrisen. Wer zum Beispiel auf seine Fragen keine Antworten oder auf sein Verhalten keine Reaktion von seinem Gegenüber bekommt, wird dies als Angriffe auf seine seelische Unversehrtheit empfinden und mit schwindendem Selbstrespekt reagieren. Den anderen beschämen, ihn erniedrigen, ihm Gewalt antun: Respektlosigkeit hat viele Facetten, die das Selbstvertrauen vernichten können.

Kann nicht einfach jeder jeden respektieren?

Nein, das ist nicht möglich. Respekt ist keine Eigenschaft, die man hat und die man dann immer und jederzeit auf jeden anwenden kann. Respekt entsteht in der Beziehung, die man zu einem anderen hat. Erst in einer konkreten Situation – zum Beispiel im Konfliktfall – erkennt man, ob man den anderen als gleichwertigen Partner anerkennt oder nicht. Wenn es keinen Streit gibt, dann ist der Respekt gar nicht herausgefordert. Wenn alles gut läuft, dann ist es mir vielleicht egal, was der andere denkt oder tut. Ich stimme dem anderen zu oder bin gleichgültig. Das alles ist noch kein Respekt. Erst wenn ich die Haltung des anderen ablehne, ist der Respekt gefordert – dann stellt sich die Frage: Wie gehe ich damit um?

Menschen sind soziale Wesen, sie tragen den Respekt voreinander grundsätzlich in sich. Ohne diesen schon vorhandenen Respekt gäbe es ständig noch viel mehr Probleme zwischen den einzelnen Individuen, Generationen, Milieus und Kulturen. Wir töten einander ja nicht nur deshalb nicht, weil es gesetzlich verboten ist, sondern weil wir uns im Großen und Ganzen respektieren. Allerdings gibt es immer wieder gesellschaftliche Systeme, die bestimmten Menschen ihre elementaren Rechte vorenthalten und sie als minderwertig degradieren. Dann ist auch der Respekt im persönlichen Miteinander mit diesen Menschen grundsätzlich in Gefahr.

Es gibt viele unterschiedliche Auffassungen von Respekt. Der Großvater will Respekt – soll heißen: Er will höflich behandelt werden. Der Lehrer verlangt Respekt – und meint Gehorsam. Man hat Respekt vor einem Hund oder dem Türsteher einer Disco – und hat in Wirklichkeit Angst. Man sagt, man respektiere Menschen aus anderen Kulturkreisen – und versteht darunter oft bestenfalls nicht mehr als tolerieren.

nicht reflektiert sich auf "Respekt" das, was ist meine intuitive

Was ist der Unterschied zwischen ...

Respekt/Toleranz?

Toleranz lässt sich von dem lateinischen Verb »tolerare« ableiten, was in der Übersetzung »ertragen« oder »erleiden« bedeutet. Toleranz hat immer etwas Herablassendes, es hat den Beigeschmack, dass ein Mächtiger den Schwächeren duldet. Am Beispiel Migration: Der junge Türke mit dem Obstladen um die Ecke wird toleriert, solange er lieb und nett ist und nicht stört. Er aber will mehr – er will Respekt. Es reicht ihm nicht, geduldet zu werden, er will als gleichwertig anerkannt werden.

Und das aus gutem Grund. Wenn er nur toleriert wird, muss er sich an die herrschenden Verhältnisse anpassen und kann seine Freiheit und Identität nicht so entfalten, wie es ihm entspräche, wenn er anerkannt werden würde. Wird er hingegen als prinzipiell gleichwertiges Gegenüber respektiert, ist es nicht nur er, der sich anpassen muss, sondern auch die Gesellschaft, in der er lebt. Beide handeln dann in einem Prozess wechselseitiger Anerkennung aus, auf welche Weise ein Zusammenleben möglich ist und wie die Freiheit des Einzelnen so gelebt werden kann, dass sie sich in ein friedliches Miteinander integriert.

Respekt/Gehorsam?

Wer Gehorsam fordert, verlangt von dem anderen, dass er ihm folgt. Der Gehorsam aber sollte in einer respektvollen Beziehung immer freiwillig sein, nicht eingefordert werden. Eltern sollten ihren Kindern die Erfahrung vermitteln, dass diese selbst einen Wert haben, ebenso wie Lehrer ihren Schülern, Ausbilder ihren Auszubildenden, Professoren ihren Studenten. Die Jüngeren sollten wissen, dass das, was sie tun und sind, nützlich für die Gesellschaft ist. Dann bleibt das Gefühl, wertvoll zu sein, auch in solchen Zeiten erhalten, in denen die Leistungen in der Schule und im Beruf nicht den Vorstellungen der Umgebung entsprechen. Wenn Menschen fühlen, dass sie wirklich einen Wert haben, dann fällt es ihnen sehr viel leichter, Probleme und Konflikte auf Augenhöhe auszuhandeln.

Respekt/Liebe?

Respekt wird »geschuldet«, man »verdient« ihn oder hat etwas an sich, was Respekt »hervorruft«. Diese (alltags-) sprachlichen Verwendungsformen des Begriffs verweisen darauf, dass das Gegenüber aus Sicht dessen, der respektiert, bestimmte Merkmale besitzt, welche Beachtung und eine angemessene – respektvolle – Reaktion rechtfertigen.

Insofern unterscheidet sich Respekt von Liebe, denn er ist, anders als die Liebe, allgemeingültig. Die neue große Liebe kann bei der Umwelt auf Unverständnis oder Kritik stoßen, auf Ablehnung oder gar Hohn, während der Mensch, den man respektiert, auch von den anderen akzeptiert werden würde. Wenn ich jemanden liebe, heißt das noch lange nicht, dass andere diese Person genauso lieben müssten wie ich. Und es heißt auch nicht, dass ich andere, die dieselben Eigenschaften wie mein Geliebter haben, auch lieben würde. Wenn ich jedoch jemanden aus einem bestimmten Grund respektiere, dann würde ich auch alle anderen respektieren, die die entsprechenden Merkmale aufweisen.

Dementsprechend können wir auch Dinge respektieren, die wir nicht mögen oder mit denen wir überhaupt nicht übereinstimmen.

Horizontaler Respekt – vertikaler Respekt

In der RespectResearchGroup wurden die Begriffe des horizontalen und des vertikalen Respekts entwickelt.

Horizontaler Respekt setzt die Einsicht voraus, dass Menschen gleichwertig (nicht gleich) sind. Er basiert auf den Erkenntnissen des bedeutenden deutschen Philosophen der Aufklärung, Immanuel Kant (1724–1804): »Ein jeder Mensch hat rechtmäßigen Anspruch auf Achtung von seinen Nebenmenschen, und wechselseitig ist er dazu auch gegen jeden anderen verbunden.«

Die Wünsche und die Wahrheiten des anderen sollten also im eigenen Handeln bedingungslos berücksichtigt werden. Hier geht es im Wesentlichen um die prinzipielle Anerkennung des gleichen Rechts jedes Menschen auf freie Entfaltung.

Vertikaler Respekt dagegen basiert auf der Frage: Wem folge ich gern? Wer darf Einfluss ausüben?

Wir respektieren einen großen Intellektuellen, eine talentierte Führungskraft, einen integren Menschen, einen Lehrer, einen Sportler – aufgrund seines Wissens, seiner Fähigkeiten, seiner Leistung oder Eigenschaften. Von jemandem, den wir vertikal respektieren, würden wir uns auch etwas sagen lassen. Wir signalisieren, dass wir uns freiwillig und gern unterordnen würden – zumindest in dem Bereich, für den wir ihn/sie respektieren. Gruppen, die auf vertikalem Respekt aufbauen, funktionieren reibungsloser.

Die amerikanische Raumfahrtbehörde NASA hat schon sehr früh erkannt, dass wahre Führungsqualitäten nicht an der Anzahl der Sterne zu messen sind, die jemand an der Epaulette hat. Für die Zusammensetzung ihrer Spaceshuttle-Crews wurden daher schon im Vorfeld Simulationen auf der

Erde durchgeführt, um herauszufinden, auf wen die Besatzung in Krisensituationen wohl am meisten hören würde. Diese Person wurde dann zum Chef gemacht und mit entsprechender formaler Macht ausgestattet. Dadurch wurde sichergestellt, dass die Spaceshuttle-Crew auch in brenzligen Situationen schnell und effizient handeln kann.

Diese Erkenntnisse lassen sich natürlich auch wunderbar auf Unternehmen oder andere Organisationen übertragen. Idealerweise sollten auch hier diejenigen die Führung übernehmen, von denen wir uns auch etwas sagen lassen. Denn wenn die »formale« Hierarchie in einer Organisation nicht mit der »natürlichen« Hierarchie übereinstimmt, gibt es große Reibungsverluste und viele Konflikte. Das gilt sowohl in der Wirtschaft als auch in der Schule oder bei Behörden.

Leider finden diese Erkenntnisse erst langsam Eingang in Managerschulungen oder bei der Auswahl von Führungskräften. Denn die Erkenntnis, dass man sich diese Art des Respekts erst verdienen muss, macht es natürlich für all diejenigen schwer, die denken, dass man ihnen allein schon deshalb folgen sollte, weil sie eine bestimmte Position als Lehrer, Führungskraft oder Trainer innehaben.

Respekt in der Schule

In einer idealen Welt gelingt es dem Lehrer, seine Schüler für das Wissen, das er ihnen vermitteln will, zu begeistern. Mit Engagement und gegenseitigem Respekt findet eine gemeinsame Suche nach Antworten auf die Frage statt, was die Welt im Äußeren und Innersten zusammenhält. In einer Atmosphäre von Achtung und Ruhe, an die man sich ein Leben lang gern erinnern wird.

Mag sein, dass diese Idealvorstellungen im realen Schulalltag oft empfindlich von Missverständnissen und Konflikten gestört oder sogar zerstört werden. Der Respekt jedoch, der maßgeblich zum Gelingen oder Scheitern eines Unterrichts beiträgt, sollte niemals infrage gestellt werden: der Respekt des Lehrers gegenüber den Schülern ebenso wie der Respekt der Schüler gegenüber dem Lehrer.

- Der Rückblick eines Studenten auf seine Schulzeit und darauf, welche Rolle Respekt damals spielte
- Und ein Gespräch mit einer »Respektsperson«, einer Lehrerin, über die gegenseitige Wertschätzung im täglichen Unterricht

Der Schüler

Warum wir manche Lehrer respektieren und andere nicht

Ein Essay von Luca Kochendörfer

Luca Kochendörfer legte sein Abitur an einem naturwissen-schaftlichen Gymnasium im Norden von München ab. Danach volontierte er bei der örtlichen Tageszeitung – um sich schließ-lich doch gegen den Journalismus zu entscheiden und für ein Jurastudium. Hier sein Rückblick auf Respekt in der Schulzeit.

»Respekt für eure Leistung!« Mit diesem Slogan warb Star-trainer Felix Magath vor einigen Jahren für mehr Anerken-nung gegenüber der Leistung von Sportlern, die auf einem anderen Gebiet als dem medienpräsenten Fußball Großes vollbringen. Respekt ist aber ein Wert, der auch in vielen anderen Bereichen unseres Lebens eine große Bedeutung hat. Eines der ersten Aufeinandertreffen mit sogenannten Respektspersonen haben die meisten Menschen wohl in der Schule. »Der Lehrer ist zu respektieren«, so wird es schon in der Grundschule propagiert. Dennoch kann ich nach zwölf Jahren Schulzeit und geschätzt über vierzig verschiedenen Lehrern sagen, dass nicht jedem Pädagogen dieselbe Menge an Respekt entgegengebracht wird.

Hier muss man von Anfang an differenzieren, denn Respekt ist ein sehr vielschichtiger Begriff. Auf der einen Seite beinhaltet er höfliches Verhalten der Menschen untereinander. Dieses Mindestmaß an guter Kinderstube dürfte wohl jedem Lehrer entgegengebracht werden, mag man nun meinen. Weit gefehlt! Jeder von uns könnte mit Sicherheit nach kurzer Bedenkzeit mindestens zwei Lehrer nennen, denen nicht einmal dieses Mindestmaß an Respekt zuteil-wurde. Das äußerte sich dann in verschiedenen Symptomen wie Unpünktlichkeit, Schwätzen, Schlemmerbrotzeiten im Unterricht oder schlichtweg am Ton, der im Gespräch mit einem solchen Pädagogen die Regel war und noch heute ist. Jede Sekunde werden 150 Dosen Red Bull auf der Welt getrunken, und genauso schafft es jede Sekunde zwischen 8 und 13 Uhr pro Schule mindestens ein Lehrer nicht, dass ihm wenigstens ein Mindestmaß an Respekt gezollt wird. Die Schüler kommen, wann sie wollen, denken nicht einmal im Traum an eine Entschuldigung oder gar eine erfundene Ausrede, der Geräuschpegel im Klassenzimmer knackt jede Sekunde neue Höchstwerte, und es fehlt nur noch die Picknickdecke, um das Schlemmen optisch zu untermalen.

Und da sind wir schon bei einem Kernpunkt. Respekt erhält nur der Lehrer, der ihn auch einfordert! Wenn jeder von uns seine »Hall of Fame« der unrespektiertesten Lehrer vor seinem geistigen Auge vorbeiziehen lässt, dann wird vor allem ein Merkmal auffallen, das sie alle teilen: die nicht vorhandene Durchsetzungsfähigkeit. Ich will damit keinesfalls sagen, dass es am besten ist, wenn Lehrer schon bei einmaligem Verschlafen das erste Nachsitzen anberaumen. Keinesfalls! Dennoch ist »Schön, dass Sie doch gekommen sind« auch nicht das Mittel der Wahl. Wer sich respektlos behandeln lässt, der wird respektlos behandelt. Wer hingegen von der ersten Stunde an klare Grenzen zieht, der hat gute Chancen, dass diese auch befolgt werden.

Und hier sind wir bei einer weiteren Facette von Respekt: der Autoritäts- bzw. Angstkomponente. Denn wer eine »rote Linie« zieht, der sollte dies auch mit unlöslichem Stift tun. Schüler haben ein feines Gespür für solche Grenzen, und in den ersten Stunden eines neuen Schuljahres wird schnell ausgetestet, wie weit man gehen kann. Und wenn von Anfang an Einhalt geboten wird, dann bleibt das meistens auch den Rest der Zeit so. Ein für alle Mal, wie man so schön sagt. Einmal ein Exempel statuieren, dann ist es für den Rest der Zeit in den Köpfen verankert. Dass dazu nicht drakonische Strafen nötig sind, ist selbstverständlich klar. Wenn ein Lehrer eine gewisse Autorität hat – was oft mit dem Selbstvertrauen korreliert –, reicht oft auch ein strenges Wort. Wie gesagt, wir haben ein feines Gespür.

Das bringt auch eine Berechenbarkeit mit sich, die Schüler an Lehrern, so meine Erfahrung, durchaus schätzen. Wenn eine Aufgabe als Pflicht deklariert wird, dann muss sie auch in einer gewissen Weise eingefordert werden. Sonst ist das Verhalten des Lehrers denjenigen gegenüber respektlos, die sich die Arbeit gemacht haben. Sonst lässt sich der Lehrer von den einen respektlos behandeln und kann sich sicher sein, dass er es künftig auch von denen, die er auf diese Weise missachtet hat, mit gleicher Münze heimgezahlt bekommt! Sonst hat er damit den Respekt aller verspielt. Wenn er es nicht für nötig hält, dass die Arbeit gemacht wird, ist das ja ganz und gar nicht schlimm. Dann soll er es aber als freiwillige Aufgabe deklarieren und so bei seinem Wort bleiben. Berechenbarkeit ist wohl die wichtigste Eigenschaft eines Lehrers, und es ist kein Zufall, dass die unbeliebtesten Pädagogen die sind, die aus ihrer Laune heraus handeln.

Mit dem Thema Berechenbarkeit geht auch die unbedingt nötige Fairness einher. Ein Lehrer, der respektiert werden will, muss unter allen Umständen fair sein. Wie man in den Wald ruft, so schallt es wieder zurück. Und Pädagogen, die Schüler ungleich behandeln, können nicht mit einer respektvollen Behandlung rechnen.

Eine letzte Komponente des Respekts ist schließlich noch die fachliche Ebene. Ob man selbst nun gut oder schlecht, interessiert oder gelangweilt, begabt oder untalentiert ist; instinktiv merkt man schon nach wenigen Minuten, ob ein Lehrer a) sein Fach für wichtig hält – was selbstverständlich Grundvoraussetzung dafür ist, dass auch seine Schüler es für voll nehmen – und b) sich in seinem Gebiet auskennt. Zu Ersterem ist vor allem bezüglich der Fächerunterscheidung Folgendes zu sagen: Mathe-, Physik-, Chemie- und Fremdsprachenlehrer haben von Natur aus bessere Voraussetzungen, respektiert zu werden, da der Schüler auf ihre Gebiete angewiesen ist und ihren Stoff verstehen muss. Die sogenannten Nebenfächer hingegen werden von den meisten eher auf die leichte Schulter genommen. Und gerade hier ist es unerlässlich, dass der Lehrer von der Wichtigkeit seines Faches restlos überzeugt ist. Nur dann hat er die Chance, dass sein Gebiet auch den Schülern wichtig ist, und es ist kein Zufall, dass die Wertschätzung seines eigenen Ressorts mit einem spannenden Unterricht einhergeht. Es ist wie beim Fußball. Ein Spieler muss den Ball zu jeder Zeit unbedingt haben wollen, damit er ihn auch wirklich kriegt. Wenn er ihn dann hat, muss er aber auch etwas Sinnvolles damit machen.

Und hier sind wir bei der Komponente der Anerkennung. Wer fachlich gut ist, der wird von Haus aus mehr geachtet als einer, bei dem man sich stündlich fragt, wie er überhaupt durchs Examen gekommen ist. Das ist sogar die vielleicht wichtigste Facette des Respekts. Denn selbst wenn man diesen Lehrer persönlich nicht schätzt, ist man als Schüler dennoch intelligent genug, das vom fachlichen Wissen zu trennen. Und solche Lehrer, die sowohl fair als auch berechenbar, sowohl selbstbewusst als auch versiert sind, das sind die Lehrer, die einem lange im Gedächtnis bleiben. Dazu müssen sie gar nicht Sympathieträger sein; nein, sie werden aber respektiert. Bei ihnen herrscht ein angenehmes Klima in der Klasse, bei ihnen erfährt man wirklich Neues. An sie, und da haben wohl auch die meisten von uns wenigstens zwei bis drei vor dem geistigen Auge, werden wir uns noch in Jahrzehnten erinnern. Und man wird sich immer denken: Respekt für eure Leistung!

Die Lehrerin

Respekt im Klassenzimmer

Ein Gespräch mit Sabine Behrendt

Sabine Behrendt wurde erst mit 39 Jahren Lehrerin, zuvor hatte sie sich um die Familie und die drei Kinder gekümmert. Ihre oberste Maxime war, diesen Beruf »respektgetragen« auszuüben, und sie dachte, dabei würde ihr zumindest in der ersten Zeit das Alter zu Hilfe kommen – Stichwort: »Respektsperson«. Bis dann die erste Schulstunde kam. Referendarin, 11. Klasse, Deutsch, kein Betreuungslehrer anwesend. Es kam zur Katastrophe. Es war so schlimm, dass Sabine Behrendt kurz darüber nachdachte, ihre Ausbildung gleich wieder abzubrechen.

»Es ist bis heute das Respektloseste, was mir im Leben passiert ist. In der Klasse saßen drei Schüler, die das Gymnasium längst verlassen hatten – was ich natürlich nicht wusste. Sie hatten von den anderen den Auftrag bekommen, meinen Unterricht nach Kräften zu stören, waren unverschämt und dreist und bereiteten mir 45 Minuten lang die Hölle. Sie kannten keine Grenzen, denn: Was sollte ihnen an dieser Schule noch passieren?

Ich erfuhr erst im Lehrerzimmer, als ich empört die Namen der Störenfriede nannte, in welche Falle man mich gelockt hatte. ›Die sind doch gar nicht mehr an unserer

Schule!‹, war die Reaktion der Kollegen. Aufgeben kam für mich nicht infrage, was aber tun? Beim nächsten Mal begrüßte ich die Klasse respektvoll und formulierte dann, so sachlich wie möglich, was ich von dieser Unfairness hielt – dass ich jedoch bereit sei, neu anzufangen. Die Schüler schauten erstaunt und gingen überraschend schnell auf das Angebot ein. Unsere gemeinsame Zeit verlief dann inhaltsorientiert und ohne weitere Vorfälle dieser Art. Respektgetragen, so wie ich es mir erträumt hatte.«

Inzwischen ist Oberstudienrätin Behrendt selbst Betreuungslehrerin für Referendare. Wenn sie sich in die hintere Reihe setzt, um »ihre« Referendare zu beurteilen, sind diese vorgewarnt – von ihr selbst. »Ich weiß noch genau, wie man als junger Lehrer da vorn innerlich zittert, und darum komme ich nie unangemeldet in den Unterricht. Was bringt es denn, jemanden bei einer Stunde, die er nicht perfekt vorbereitet hat, zu ertappen? Es gibt andere Kriterien, um festzustellen, ob jemand ein guter Lehrer ist.«

Es gibt auch Tricks, die sie weitergibt, die zum Beispiel die ersten Schritte in ein Klassenzimmer betreffen. Ein Schüler hatte ihr irgendwann einmal gesagt: »Wissen Sie, Frau Behrendt, wenn ein neuer Lehrer zur Tür hereinkommt, dann wissen wir in dem kurzen Moment, den diese Person von der Tür bis zum Pult braucht, ob der oder die es draufhat oder nicht. So wie der dann dasteht, seine Sachen auspackt und uns anschaut – damit ist uns sofort klar: Den können wir ärgern oder der ist nett, der hat's drauf oder ist unsicher oder absolut hoffnungslos.«

Also übt die Betreuungslehrerin mit ihren Referendaren

das Betreten des Klassenzimmers. Das sieht dann so aus: Sabine Behrendt in der Rolle des Schülers setzt sich in die Bank, kramt in ihrer Tasche, straft die junge Lehrkraft da vorn mit Nichtachtung – während diese am Pult steht und immer ungeduldiger wird. Eine halbe Minute, eine Minute, immer noch rumort die Ältere in ihrer Bank herum. Da helfen den Jüngeren nur maximaler Selbstrespekt und gute Ratschläge, zum Beispiel die für die Unter- und Mittelstufe. Sabine Behrendt: »Aufstehen, wenn der Lehrer hereinkommt, halte ich bei diesen Jahrgängen für ein sinnvolles Ritual. Ich packe vorn meine Sachen aus, währenddessen stehen die Schüler auf und werden langsam ruhig. Für die Oberstufen finde ich das Aufstehen albern, da setze ich voraus, dass die Schüler ein gutes Abitur machen wollen – dann werden sie auch den Wert einer Unterrichtsstunde zu schätzen wissen.«

Den Respekt der Schüler zu erringen – offenbar eine Gratwanderung. Was laut Sabine Behrendt gar nicht geht: Anbiedern bei den Schülern, Einfordern von Demutsbezeugungen, Angst einflößende Machtdemonstrationen. »Andererseits erhält nur der Lehrer Respekt, der ihn auch einfordert. Wer sich respektlos behandeln lässt, hat verloren.«

Dabei seien die Ratschläge für ein für beide Seiten akzeptables Miteinander eigentlich logisch und einfach zu realisieren: *Ein strukturierter Unterricht.* Fragt der Lehrer am Anfang der Stunde aus oder später? Wie reagiert er, wenn Schüler ihre Aufgaben nicht machen – stellt er neue Fristen, bestraft er, wenn ja, wie hart? Das sind verbindliche Regeln, die nach gegenseitiger Rücksprache aufgestellt werden und an die sich beide Seiten halten müssen. Was für den Pädagogen bedeutet:

Keine Ausnahmen machen. Klare Konsequenzen. Wenn der Lehrer seine eigenen Ansprüche nicht lebt, wird er nicht respektiert. So einfach ist das. Schüler wollen eine klare Linie.

Handyverbot. Dabei geht es erst mal gar nicht darum, bei Prüfungen abzuschreiben oder etwas nachzuschlagen, sondern um den Respekt gegenüber Lehrern und Mitschülern. Aufmerksam und achtsam zu sein, zuzuhören, an der Sache inhaltlich teilzunehmen, statt zweigleisig zu fahren.

Der Lehrer – guter Freund oder Respektsperson?

Sabine Behrendt: »Wenn man bei den Schülern konkret nachfragt, bekommt man eine klare Ansage: Sie wollen eine gewisse Distanz. Jugendliche entwickeln sich in ihrer Schulzeit zu Erwachsenen, sie müssen sich von Eltern und Lehrern abgrenzen. Das ist eine Weisheit, die in jedem Buch über Entwicklungspsychologie steht. Aber die wiederum kollidiert mit dem Grundbedürfnis eines jeden Menschen, geliebt, respektiert und anerkannt zu werden. Je jünger der Lehrer ist, desto schwieriger ist es für ihn, eine natürliche Autoritätsperson zu sein. Desto mehr versucht er, sich die Anerkennung über sogenannte Freundschaftsdienste zu holen: Man übernimmt z. B. die gleiche Sprache wie die Jugendlichen, sagt ›geil‹ oder ›Scheiße‹. Es gibt bestimmte Lehrer, die lassen um den Preis des Geliebtwerdens auch schon einmal eine Note fallen, passen sich in der Kleidung ihren Schülern an oder übernehmen deren Slang. Meiner

Erfahrung nach kommt das bei den Jugendlichen nicht wirklich gut an.«

Thema Elternabende:

Sabine Behrendt: »Manche Eltern überlassen es uns Lehrern, die Erziehung ihrer Kinder in der Konsequenz durchzuhalten – und machen uns dann Vorwürfe: ›Warum kriegen Sie das nicht hin?‹ Ganz verquer ist das, was wir in letzter Zeit immer häufiger erleben: Eltern, die ihre Kinder nichts mehr allein machen lassen. Von ihnen hören wir Bemerkungen wie: ›Was soll das denn? Jetzt haben wir so viel gelernt, und das wird von Ihnen überhaupt nicht honoriert!‹ Oder: ›Wir schreiben am Montag Mathe und am Dienstag Deutsch, das ist uns zu viel.‹ Oder: ›Wir haben so viel gelernt, warum nur eine Fünf?‹

Welch eine Respektlosigkeit gegenüber den Kindern – die Eltern trauen ihnen nichts mehr zu! Statt ihre Kinder zur Selbstständigkeit und Eigenverantwortung anzuleiten und zu begleiten, übernehmen sie deren Aufgaben! Diese Eltern-Kind-Konstellation bedeutet eine neue Herausforderung an uns Lehrer. Dafür gibt es inzwischen spezielle Gespräche am runden Tisch oder die Hilfe der Schulpsychologen.«

Thema Kommunikation außerhalb der Schule:

Sabine Behrendt: »Auf keinen Fall will ich mit meinen Schülern auf Facebook befreundet sein. Ich stehe sozialen Netzwerken sehr kritisch gegenüber, das hat auch seinen Grund: Es gab an unserer Schule einen besonders schlimmen Fall von Cybermobbing.

Ich bin per E-Mail zu erreichen, das gibt mir die Möglichkeit, auch noch spät am Abend zu reagieren. Meine Schüler haben meine Mailadresse und können sich immer an mich wenden, das nehmen vor allem die Jugendlichen aus der Oberstufe gern in Anspruch. Als Anrede akzeptiere ich: ›Sehr geehrte Frau Behrendt‹ oder ›Hallo, Frau Behrendt, oder ›Liebe Frau Behrendt‹.

Im weiteren Gesprächsfluss per Mail ist es für mich in Ordnung, wenn dann die Anrede in einer kurzen Antwort wegfällt. Aber generell möchte ich die Höflichkeit, die wir aus dem Briefverkehr kennen.

Ich habe mit dieser Art des Umgangs noch keine negative Erfahrung gemacht, noch keine Hass-Mail bekommen – die Schüler geben mir das Vertrauen zurück, das ich ihnen entgegenbringe.«

Thema Respekt gegenüber den Schülern:

»Für mich ist es ein Geschenk, junge Menschen auf ihrem Weg zum Erwachsenen über einen langen Zeitraum begleiten zu dürfen. Und es ist für mich gleichzeitig unabdingbar, dass wir Lehrer respektvoll mit unseren Schülern umgehen, dass wir ihre Würde achten – was nicht immer einfach ist bei den vielen Anforderungen, die wir Pädagogen im Schulalltag oft gleichzeitig bewältigen sollen. Im Klartext heißt das also für mich: Ich kommuniziere immer sachlich und gewaltfrei, ich bin Vorbild und nehme mein Gegenüber unabhängig von seinem Alter ernst. Denn: Welche Chance birgt sich darin für unser aller Zukunft, wenn wir es schaffen, ein klares Wertesystem vorzuleben und weiterzugeben, basierend auf Respekt, Wertschätzung, Achtsamkeit und Gewaltfreiheit!«

Respekt im Beruf

Ganz vorn auf der weltweit erstellten Wunschliste an einen idealen Arbeitsplatz steht der »Vorgesetzte, der seine Mitarbeiter mit Respekt behandelt«. Er ist fast so wichtig wie »das Bearbeiten von interessanten Aufgaben«, was den höchsten Stellenwert einnimmt. Abgeschlagen auf den hinteren Plätzen folgen Bezahlung, Aufstiegsmöglichkeiten oder Freizeit.

Unternehmen arbeiten effizienter und erfolgreicher, wenn in ihnen Respekt gelebt wird. Studien beweisen, dass in diesen Betrieben die Mitarbeiter weniger krank sind, seltener kündigen und mehr Eigeninitiative zeigen.

Jenseits aller Zahlen und Statistiken sucht jeder Arbeitnehmer nach seiner ganz persönlichen Realisierung vom Respekt im Job. Dazu drei Geschichten:

- Von dem DJ, der als Handwerker begann und dort Tugenden erlernte, die ihm bis heute in vielen Lebenssituationen weiterhelfen
- Von der Stationsleiterin im Krankenhaus, für die der tägliche Respekt vor Alten und Schwachen selbstverständlich ist
- Von dem Chirurgen, der mit seinen Operationen den Patienten und damit dem Leben den höchstmöglichen Respekt zollt

Ohne Respekt geht es nicht!

Ein Gespräch mit Daniele di Martino

Zeiten ändern sich, Menschen auch. Gut so. «Früher fragten die Freunde, hey Daniele, was machst du eigentlich genau? Schiffe bauen? Ah ja ... Ich bin sicher, dass sie hinter meinem Rücken gelästert haben. Kein Respekt vor einem Handwerksberuf.« Daniele di Martino streckt sich zufrieden auf seinem Stuhl aus, das Gesicht der Sonne zugewandt. »Heute sagen sie, Daniele, du hast echt dein Ding gemacht. Bist immer drangeblieben. Vom Bootsbauer zum Discjockey – Respekt!« Er lacht, ein wenig spöttisch. »So viel zum Thema Respekt, wie ihn die anderen verstehen.«

Frage: »Und du, Daniele? Was verstehst du unter Respekt?« Er zögert einen Moment, dann: »Wenn wir jetzt beim Job bleiben, beim Bootsbauen: Ich habe damals über die konkrete Arbeit hinaus so viel Wichtiges gelernt, das mir bis heute im Leben weiterhilft ... Wer weiß, wie ich mich ohne jene Lehrjahre in der Werft entwickelt hätte!«

»Du hast dir also Tugenden angeeignet, die noch heute deine Haltung zu den Dingen des Lebens beeinflussen?« Daniele verzieht das Gesicht: »Tugenden! Dinge des Lebens!« Ganz offensichtlich ist er kein Freund großer Worte. »Ja, okay, kann man so sagen. Auf jeden Fall weiß ich jetzt, worauf es ankommt.« Er grinst und fügt hinzu: »Hoffe ich wenigstens.«

Daniele di Martino. 28 Jahre alt. DJ und Producer. Geboren im bayerischen Starnberg, jetzt Wohnsitz in Berlin, davor London. Unterwegs nach oben, nach einigen Umwegen. Schon immer ein Typ, der in keine Schablone passte. Mittelgroß, drahtig, Dreitagebart, intensiver Blick, heitere Ausstrahlung.

Daniele, von klein auf ein begeisterter Segler, begann nach dem Abitur eine Ausbildung zum Bootsbauer. Dreieinhalb Jahre Lehrzeit, von der Pike auf: Learning by doing. Oder: Learning the hard way. Respekt war nicht unbedingt das, was er in den Werfthallen am Starnberger See von vornherein erwarten durfte – wofür auch? »Keine Fragen stellen, sondern alles richtig machen: Das war meine Aufgabe. Bei Fehlern gab es sofort Kritik, und das ganz schön nachdrücklich.« Schnell wurde Daniele klargemacht, was der Meister unter Respekt verstand. »Manchmal hatte ich noch gar nicht richtig den Fuß aufs Gelände gesetzt, da brüllte er mir schon über den Hof entgegen: ›Guten Morgen! heißt das hier bei uns!‹ Aber nachdem diese Art von Lernprozess abgeschlossen war, begann Daniele, auch die guten Seiten des Chefs zu schätzen: dessen soziale, mitfühlende Art, dessen Ruhe, dessen Kompetenz – der Respekt des Lehrlings vor dem Meister stellte sich bald von selbst ein. Der morgendliche Gruß dann auch.

Zweiundvierzig Monate Lehrzeit: Disziplin. Genauigkeit. Pünktlichkeit. Ordnung. Egokontrolle. Geduld. Geduld. Geduld. »Du hobelst und hobelst an einem Stück vom Schiffsrumpf, und du weißt, es wird keiner kommen und dir helfen. Du musst das irgendwie allein fertig kriegen.« Und wenn Daniele dann endlich fertig war und der Meister sagte nur: »Da fehlt doch noch was, siehst du das denn nicht? Bring es endlich richtig zu Ende!«, und wenn das dann gleich mehrmals am Tag hintereinander passierte und nicht nur einmal in der Woche, sondern drei- oder viermal ... Dann brauchte Daniele eine Menge Selbstdisziplin und Selbstvertrauen, um neben dem Werkstück auch noch das Lächeln, mit dem er ansonsten die Umwelt auf seine Seite zieht, zustande zu bringen. »Wenn man mir damals gesagt hätte: Später im Leben wird dir dieses extrem präzise Arbeiten mal helfen – ich hätte es nicht geglaubt. Aber genauso ist es.«

Nach Ende der Lehrzeit wurde Daniele klar, dass Boote bauen doch nicht seine Zukunft werden würde. Er erinnerte sich an die Musik, die zweite große Leidenschaft neben dem Segeln, an seine Cellostunden. Und er beschloss, noch eine Ausbildung zu beginnen. An einem Institut für Audio, Multimedia, Film und Animation, an dem er nach einigen Monaten zu seinem eigenen Erstaunen genau das vermisste, was ihn in der ersten Lehrzeit in der Werft immer genervt hatte: das ernsthafte Arbeiten, das An-einem-Problem-Herumtüfteln, der Respekt vor der Aufgabe. Nie hatte er in dieser zweiten Lehrzeit das Gefühl, wirklich alles gelernt zu haben, was es zu lernen gab. Eher unzufrieden verließ er nach zwei Jahren die Privatschule und stürzte sich in die Praxis, ins Plattenauflegen und die House Music.

Drei Bewerbungen für ein Praktikum gingen an drei prominente Labels in London: Ministry of Sound – keine

Antwort. Defected – keine Antwort. Cr2 Records – Treffer!
»Why don't you come and see us?« Daniele flog in die Acht-Millionen-Stadt, eher beklommen, sein Englisch war nicht besonders gut, und außerdem hatte er keine Ahnung, was ihn erwarten würde. Und dann saß er da in dem riesigen Raum, in dem alle so happy waren und so freundlich. Vor allem dieser eine junge Typ, der zwischen den Schreibtischen herumgroovte und alle Songs mitsang – der Boss. Der legte ihm kurz darauf einen Stapel mit vierzig Liedern hin: »Hey, Kiddie, mach doch mal ein Ein-Stunden-Mix draus.«

Okay. Eine Stunde? Dann mal los.

Daniele setzte die Kopfhörer auf und machte sich an die Arbeit. Die anderen klopften ihm auf die Schulter: »Lunch! Won't you join us?« Daniele dachte an sein schlechtes Englisch, wie mühsam für ihn ein Essen in dieser Runde sein würde, lächelte freundlich und zeigte auf seine Tasche: »No, thanks! Sandwiches!« Und blieb allein zurück.

Nach zwei Stunden war Daniele fast fertig. Die Neuigkeit machte schnell die Runde im Büro: »Almost ready!?« Erstaunen, Gemurmel, neugierige Blicke. Der Chef kam vorbei, nahm den fertigen Mix entgegen und lobte: »Der letzte Trainee hat dafür zwei Wochen gebraucht.« Noch mehr Anerkennung, nachdem er Danieles Mischung angehört hatte, die bald auf iTunes verkauft wurde. Respekt vom britischen Team für den Jungen vom europäischen Festland, der umgehend als neuer Praktikant aufgenommen wurde: »That's what you call German efficiency – das also ist deutsche Effizienz!« Heute sagt Daniele: »Ich habe es so gemacht, wie ich es während meiner Bootsbauer-Lehre gelernt hatte: von

Anfang an alles gescheit, und das bis zum Ende. Ganz oder gar nicht. Eigentlich nicht schwer.«

Daniele blieb in London, kümmerte sich für Cr2 um deren Social Media Content und Compilations, pflegte Kontakt zu bekannten Künstlern, hörte Tag für Tag die gleiche Elektromusik, bis sie ihm zu den Ohren herauskam, veröffentlichte eigene Singles in seiner SoundCloud, hatte kleine Erfolge, bekam einen festen Job angeboten – und entschied sich dennoch nach zwei Jahren, nach Deutschland zurückzukehren.

Denn London war zwar eine hochinteressante Stadt voller junger Menschen mit künstlerischen Ambitionen, überall Aufbruchsstimmung und Kreativität und Events. Aber es war noch immer auch die Hauptstadt einer Klassengesellschaft voller Dünkel und Arroganz. Und außerdem sehr teuer – das Leben war kaum zu bezahlen für einen Berufsanfänger, selbst wenn er in Wohngemeinschaften unterkam. »In London sind so viele Banker, alles dreht sich um Profit und Business – auf der anderen Seite so viel Armut ...«

Zurück nach München? Nein. »Die DJs in München sind nicht kommunikativ, teilen nicht, jeder ist für sich.« Also Berlin. »In der Hauptstadt sind alle offener, man zeigt mehr Respekt vor dem, was der andere macht.«

Ein Neuanfang, wieder einmal. Wie schon vor der Lehre und der Musikschule auch diesmal mit der festen Überzeugung, das Richtige zu tun. Erneut waren die bereits aus der Bootsbauer-Lehrzeit bekannten Tugenden gefragt: Selbstdisziplin, Egokontrolle, Optimismus und auch hier wieder vor allem Geduld, denn am Anfang lief alles eher schleppend an.

Ein Jahr dauerte es, bis das Berliner Musik-Label Kallias

ihn akzeptierte. Daniele nutzte die Wartezeit, lebte von Jobs und knüpfte Kontakte zu den einflussreichsten Musik-Blogs. »Man schreibt Mails, man twittert, man wartet auf Antworten, sammelt Erfahrungen. Und versucht, optimistisch zu bleiben.« Inzwischen hatte Daniele auch einen eigenen Musik-Blog. »Tagsüber bastelt man an seiner eigenen Musik und am Blog; mal hat man 18 000 Plays am Tag, daran will man dann unbedingt anknüpfen – und dann funktioniert das nicht so, wie man sich das vorgestellt hat, und dann beginnt man nachzudenken …«

Das ist jedoch an den Abenden vergessen, an denen man seine eigene Musik auflegt, in einem großen Club vor zweitausend Leuten, von denen jeder Einzelne gut drauf ist. Wenn man zum Beispiel nach einem Star wie »Alle Farben« auftritt, und die Angst schleicht sich ein, dass nach diesem großen DJ alle Fans die Halle verlassen werden und man selbst mit nur ganz wenigen Getreuen zurückbleiben wird. »Und wenn dann alle bleiben und weiterjubeln und tanzen und happy sind – dann ist das das tollste Gefühl der Welt.« Irgendwann, sagt Daniele, wird der DJ auch für ihn ein Job sein, mit dem er richtig Geld verdienen kann. Bis dahin will er einfach immer so weitermachen wie bisher: »Realistisch bleiben, nicht die Bodenhaftung verlieren. Antworten, wenn man eine Mail bekommt – ich schreibe immer zurück, jedem Fan, jedem Kritiker, das verstehe ich als respektvoll.«

Und dann eines Tages vielleicht mit den befreundeten Kollegen eine Crew aufbauen, die wirklich zusammenhält: »Ein Team, in dem derjenige von uns, der gerade einen guten Lauf hat, die anderen mitzieht. Das wäre super.«

Freundlichkeit. Ehrliches Interesse an den Mitmenschen. Bereitschaft, sich zurückzunehmen. Mails beantworten, selbst wenn man todmüde ist. Geduldig auch die absurdesten Musikwünsche akzeptieren. Ist es das, was Daniele unter Respekt versteht? Er zögert kurz: »Ja, stimmt schon – aber es wäre nicht schlecht, wenn man ab und zu auch ein bisschen mehr Respekt zurückbekäme. Von dem Gast zum Beispiel, der da unten vor der Bühne steht und versucht, den DJ da oben zu provozieren und vorzuführen.«

Ein langer Weg von der Starnberger Werft in die großen In-Clubs des Landes liegt hinter ihm, ein großer Teil noch vor ihm. Daniele lacht: »Kein Problem. Ich weiß ja inzwischen, dass ich mich auf mich verlassen kann. Selbstrespekt, you know?«

Die Krankenschwester

Über den respektvollen Umgang mit alten und kranken Menschen

Ein Gespräch mit Doris E.

Respekt, der auch unter schwierigen Umständen gewahrt bleibt: Vor allem im Krankenhaus ist das ein ständiges Thema, denn Klinikstationen und Operationssäle sind Schauplätze der widersprüchlichsten Emotionen – Angst und Hoffnung, Misstrauen und Hochachtung, Unsicherheit und Euphorie, Depression und Unruhe. Gegenseitiger Respekt zwischen Patienten, Ärzten und Pflegepersonal ist die Voraussetzung für ein funktionierendes Miteinander zum Wohle des Patienten. Doris E. arbeitet seit vier Jahrzehnten als Krankenschwester; mit achtundzwanzig Jahren war sie eine der jüngsten Stationsleiterinnen im Land, heute bildet sie Krankenschwestern und Pfleger aus. »Es ist«, sagt sie, »der schönste Beruf der Welt. Schade, dass er in der Öffentlichkeit nicht noch viel mehr respektiert wird.«

Doris E., geboren in Schwaben, fröhlich, patent, geerdet und dennoch offen für Visionen, wollte schon immer Krankenschwester werden, am liebsten Kinder pflegen und versorgen. Doch in den 70er-Jahren gab es für einen Ausbildungsplatz zur Kinderkrankenschwester noch Wartezeiten bis zu drei Jahren. »Darum entschied ich mich zunächst für die Erwachsenen und ein soziales Jahr, das ich in der evangelischen Diakonissen-Anstalt in Stuttgart ableistete. Als 17-Jährige habe ich also alte Diakonissen gepflegt.

Es gab dort eine Stationsleitung, Schwester Dorothee, eine lang gediente, erfahrene Schwester. Sie brachte mir bei, was Respekt bedeutet. Nie ein böses Wort, nie schlecht gelaunt. Sie redete nicht viel, sondern lebte vor, was sie von uns erwartete – den achtsamen Umgang mit alten und kranken Menschen.

Mir erschien das wie eine Art Offenbarung. Obwohl ich die Jüngste war in der Gemeinschaft, wurde ich respektvoll behandelt. Also traute ich mich gar nicht, selbst respektlos zu sein: Respekt bedeutete in diesem Umkreis bedingungslose Nächstenliebe.

Schwester Dorothee zeigte mir, wie ich die mir anvertrauten Kranken richtig waschen sollte – sanft, freundlich, ruhig. Sterbende wurden auf diesem Weg begleitet, niemals alleingelassen. Immer saß jemand am Bett, las oder sang ihnen etwas vor, hielt ihre Hand.

Diese Erfahrungen, die ich damals gemacht habe, haben mir für alle Zeit die Angst vor dem Sterben genommen. Auch heute noch bleibe ich bei den Schwerkranken und Sterbenden. Ein Ritual aus jener Zeit habe ich übernommen: Ich öffne jedes Mal ein Fenster oder die Tür, um der Seele des Verstorbenen den Weg nach draußen zu ermöglichen.

Nach diesem einen Jahr bei den Diakonissen änderte ich meine Meinung. Ich wollte nicht mehr Kinderkrankenschwester werden, sondern in der Erwachsenenpflege bleiben und bekam dann auch sofort einen Ausbildungsplatz im

Stuttgarter Diakonissen-Krankenhaus. Ich stellte dort sehr schnell fest, dass mir die Arbeit auf einer chirurgischen oder internistischen Normalstation nicht ausreichte, um meinen Wissensdurst zu stillen.

Stattdessen faszinierte mich die Arbeit auf der Intensivstation: der Kampf um das Leben des Patienten, das ständige Bemühen, ihn nicht leiden zu lassen. Aber auch letztendlich das Loslassen, wenn es nicht mehr weiterging. Nach meinem Examen bekam ich sofort eine Stelle auf einer anästhesiologischen Intensivstation und war mit einundzwanzig Jahren damals die Jüngste im Team. Den Respekt musste ich mir dort erst erringen. Zunächst hieß es immer nur, tu dies, mach das ... Erst als ich Fachkompetenz vorweisen konnte, wurde das besser. Ich war wissbegierig und habe mir viel selbst beigebracht. Den Respekt vor den Kranken hatte ich ja schon bei den Diakonissen gelernt.

Und der Respekt vor den Ärzten? Natürlich! Das waren ja damals noch die ›Halbgötter‹ in Weiß. Die Kommunikation mit ihnen hat sich in den vielen Jahren meines Berufslebens sehr verbessert. Heute begegnen sich Ärzte und Pfleger auf Augenhöhe, Entscheidungen werden im Team getroffen.

Innerhalb meiner Fachweiterbildung Intensiv/Anästhesie wurde ich eine Zeit lang im Aufwachraum eingesetzt. Dort versorgte ich viele Patienten nach großen Eingriffen. Sie hatten oft starke Schmerzen und mussten sich aufgrund der damaligen Narkoseverfahren häufig erbrechen. Das ist heute wegen der verbesserten Medikamente und Überwachung nicht mehr so. Oft reichte es aus, den Kranken mit viel Geduld zu vermitteln, dass alles für sie getan würde. Den

Satz einer Patientin habe ich immer noch im Kopf – sie war geplagt von einer anhaltenden Übelkeit und Erbrechen. Sie sagte damals zu mir: ›Schwester Doris, Sie sind wie Balsam für meinen flatternden Körper.‹

Mit siebenundzwanzig Jahren bewarb ich mich um die Stelle der stellvertretenden Leitung einer Intensivstation. ›Meinen Sie nicht, dass Sie dafür noch etwas zu jung sind?‹, fragte mich der damalige Chefarzt. Ich antwortete ihm: ›Man wächst mit seinen Aufgaben.‹ Mit einunddreißig wurde ich Stationsleiterin. Ich habe immer meine Meinung gesagt, diese Art von Auseinandersetzung wurde von den Ärzten mehr respektiert als bedingungsloses Hinnehmen.

Respekt im Klinikalltag – da gibt es viele Punkte. Zum Beispiel die Würdigung der Intimsphäre des Patienten, bei Untersuchungen während der Visite, bei pflegerischen Maßnahmen. Ich versuche, allen, die an diesen Prozessen teilnehmen, zu vermitteln: Behandelt die Kranken so, wie ihr es für euch selbst wünschen würdet. Das ist auch so ein Erbe aus der Zeit bei den Diakonissen, dort haben wir die Menschen anders angesehen, mit mehr Respekt.

Respekt der Ärzte dem Pflegepersonal gegenüber, wenn die jungen Ärzte Blut abnehmen und dann ihren Müll einfach auf dem Bett liegen lassen oder das Bett mit Blut verschmutzen. Das empfinde ich als Respektlosigkeit den Schwestern gegenüber. Ebenso wenn man die Patienten vom Gespräch ausschließt, zum Beispiel während der Visite: Wenn man an ihr Bett tritt und über ihre Köpfe hinweg über sie redet. Oder wenn man sich nicht die Zeit nimmt, richtig Auskunft zu geben, wenn die Kranken etwas erklärt haben möchten.

Schwierig ist oft der Umgang mit verwirrten und aggressiven Kranken – ihnen mit Respekt zu begegnen, wenn sie nach uns schlagen, treten und spucken. Wenn ich da die Geduld verliere, verliere ich auch den Respekt vor dem Menschen.

Wenn junge Kollegen heute einen Fehler machen und ohne Bedauern die schnippische Antwort kommt: Ist doch alles gut gegangen, was wollen Sie denn? Da frage ich mich oft, ob das Gewissen gar keine Rolle spielt ... Ob kein Respekt mehr da ist vor dem Leben?

Die Kraft, immer wieder durchzuhalten, hole ich mir außerhalb der Klinik – auf langen Spaziergängen zum Beispiel mit meinem Hund oder bei der Arbeit im Garten.

Ich denke oft an Schwester Dorothee und die Menschen, die mich geprägt haben. Zum Beispiel an meinen Vater, einen Unternehmer. Von klein auf habe ich gesehen, wie respektvoll er mit seinen Mitarbeitern umgegangen ist. Zu ihm kamen damals die ersten Gastarbeiter aus Italien, mit einem kleinen Köfferchen, mein Vater wurde für sie der ›Padrone‹. Sie arbeiteten zwanzig, dreißig Jahre für ihn, bei seiner Beerdigung standen sie an seinem Grab und weinten. Er verlangte gute Arbeit, aber er wusste auch, dass er Respekt nur durch das Vorleben von absoluter Authentizität erringen konnte.

Wer in meinem Beruf Respekt erringen will, muss auch authentisch sein. Sich nicht an Intrigen beteiligen, sich nicht auf eine Seite stellen, alles selbst leisten und vorleben, was man von den anderen verlangt. Das ist nicht immer leicht, aber in Gedanken begleiten mich immer die Diakonissen: Es ist der richtige Weg.

Krankenpflege ist für mich der schönste Beruf der Welt. Nicht wegen des Geldes – nein, man bekommt so viel zurück, was man mit Geld gar nicht bezahlen kann. Aber Gesundheit ist ja ohnehin etwas, das man materiell gar nicht einschätzen kann.«

Vom Respekt eines Arztes gegenüber Patienten, Kollegen, dem Leben und dem Tod

Ein Gespräch mit Prof. Dr. Bruno Reichart

Das Herz, so sagt man, sei der Sitz der Seele. Und der Gefühle: Es schlägt wie wild vor lauter Liebe und gerät aus dem Takt vor lauter Leid, es wird verschenkt, gebrochen oder geht verloren. Als der Münchner Herzchirurg Bruno Reichart seine ersten Herzverpflanzungen durchführte, wurde ihm das emotionale Interesse der Öffentlichkeit an dem Organ, das bei den Menschen an der vorderen Thoraxwand in Höhe der zweiten bis fünften Rippe liegt, oft zu viel. »Das Herz ist eine Pumpe«, beschied er den Fragestellern, die von ihm wissen wollten, ob er nicht Angst habe, bei den Transplantationen die Seele des Patienten zu verletzen. »Sonst nichts.« Was nicht heißen sollte, dass der Arzt keinen Respekt vor dem Herzen hat – im Gegenteil. »Wenn das Herz gesund bleibt, schlägt es im Mittel achtzig Jahre lang. Keine Maschine kommt auch nur irgendwie in die Nähe, eine solche Leistung zu erbringen«, sagt er voller Bewunderung, auch heute noch, Jahrzehnte nach seiner ersten Operation. »Alles, was es braucht, ist warmes, oxygeniertes Blut.«

Ein Gespräch über die erste Transplantation, an der Bruno Reichart, der Herz-, Thorax- und Gefäßchirurg (so seine offizielle Berufsbezeichnung), teilnahm. Und zehn Fragen zu seinem Respekt vor dem Herzen, den Patienten, den Kollegen – kurz: zum Respekt vor dem Leben.

Bruno Reichart, 1943 in Wien geboren und von 1971 bis 2011 mit Unterbrechungen Herzchirurg an der Münchner Ludwig-Maximilians-Universität, hatte sich schon früh in seiner Karriere mit den viel versprechenden Möglichkeiten der Herzverpflanzung bei Schwerkranken befasst. Seit Ende der 60er-Jahre wurde daran in den universitären Zentren in Paris, Kapstadt und Stanford gearbeitet; die Ergebnisse, über die sich der junge Doktor zu Beginn der 70er-Jahre regelmäßig in den internationalen Journalen der Unibibliothek informierte, wurden von Monat zu Monat immer beeindruckender.

1978 kam tatsächlich einer dieser amerikanischen Pioniere in einen der Münchner Hörsäle: Philip Oyer, Oberarzt bei dem berühmten Norman Shumway im kalifornischen Stanford, Bart und Cowboystiefel, trug cool und lässig die großartigen Ergebnisse seiner Gruppe vor. »Sie waren die Besten«, erinnert sich Reichart. »Sie hatten eine Ein-Jahr-Überlebensrate von siebzig Prozent für Patienten mit einem neuen Herzen. Das schaffte sonst niemand in der Welt.«

Spontan fragte Bruno Reichart nach dem Vortrag seinen damaligen Chef Werner Klinner: »Wollen wir das nicht auch machen?« Klinner hatte 1969 mit seinen Kollegen Rudolf Zenker und Fritz Sebening in München schon einmal Herztransplantationen gewagt, leider ohne Erfolg. Er gab seinem Schüler Reichart die Erlaubnis, im Frühjahr 1979 in Stanford die Technik der Herztransplantation zu lernen. Zwei Wochen, mehr war nicht drin. Während des langen Fluges in der Touristenklasse an die Westküste Amerikas studierte der 36-Jährige die aus der Bibliothek kopierten wissenschaftlichen Beschreibungen. »Ich wollte so gut wie möglich vorbereitet sein auf das, was mich erwartete.«

Die amerikanischen Kollegen in der Klinik akzeptierten den jungen Deutschen, der so offenkundig viel Respekt vor ihrer Arbeit an den Tag legte. Und selbst der berühmte Norman Shumway war nett. »Später erfuhr ich, dass es ihm gefallen hatte, wie ich den ganzen Tag herumlief und versuchte, das nötige Wissen zusammenzutragen. Er hasste sitzende Doktoren; er war der Auffassung, dass Sitzen Zeitverschwendung sei.«

Nach der ersten Woche kam der Anruf, auf den das Shumway-Team gewartet hatte: In San Diego, vierhundert Meilen südlich von Stanford, wurde ein Organspender gemeldet. Ein junger Mann war einem Verkehrsunfall zum Opfer gefallen, seine Familie hatte das Herz zur Transplantation freigegeben. Der Gastarzt aus Germany wurde tatsächlich aufgefordert, mit zur Organentnahme zu fliegen: Als Zuständiger für die Eiswürfelbox mit der Konservierungslösung, in der das entnommene Herz, in Plastikbeutel verpackt, auf dem Rückflug transportiert werden sollte. »Wir rasten mit dem Sanitätsauto zu dem Militärflugplatz, wo bereits ein Learjet mit laufenden Düsen auf uns wartete. Er rollte los, kaum dass wir auf unseren Plätzen saßen, und schoss steil hinauf in den blauen kalifornischen Himmel. Learjets waren damals noch etwas Besonderes, man hatte sie ursprünglich für den Kampfeinsatz konstruiert. Weniger als eine Stunde später ging es in San Diego dann genauso steil wieder hinunter. Wir bekamen an den Flughäfen erste Priorität, alle anderen Maschinen mussten warten, bis wir am Boden waren.« Zeit spielte damals in der Transplantationsmedizin noch eine sehr viel größere Rolle, da die Konservierungslösungen, mit denen die Spenderherzen behandelt wurden, noch nicht die gute Qualität von heute hatten. Jede Minute zählte, wenn der wartende Patient sein neues Herz in optimaler Verfassung bekommen sollte.

Im Operationssaal in Stanford herrschte gespannte Stille, als das Explantationsteam mit dem Herzen in der Kühlbox von seinem Flug zurückkehrte, nur wenige, knappe Bemerkungen wurden ausgetauscht. Der Empfänger-Patient war bereits an die Herz-Lungen-Maschine angeschlossen worden, sein Thorax geöffnet. Bruno Reichart wurde ein Platz am Kopfende des OP-Tisches zugewiesen, von dem aus er über ein Tuch hinweg seine erste Herztransplantation beobachten konnte. »Die Aorta wurde abgeklemmt, das kranke große Herz, das nur noch mühsam schlug, entfernt, das Spenderorgan ausgepackt und eingesetzt. Was mich mit großem Respekt erfüllte, war die absolute Ruhe, mit der das alles geschah, ohne Hektik, ästhetisch wunderbar anzuschauen. Ohne Blutverlust, Stich für Stich wurde das neue Organ eingenäht, dann entlüftet, die Aortenklemme entfernt. In diesem Moment begann das Herz zu schlagen. Von selbst, ohne Zutun. Zunächst langsam, dann immer schneller, dann kräftig. Kein weiterer Stich war nötig, jede Naht dicht. Ich war benommen von dem, was ich sah und erlebt hatte.«

Großer Respekt vor dem neues Leben spendenden Herzen und den Ärzten, die diese Großtat vollbracht hatten, erfüllte den jungen Doktor aus Deutschland. »Ich war mir nicht sicher, ob ich das in München auch schaffen würde.«

Die Sorgen erwiesen sich als unbegründet – in München gab es Kollegen, die ihm halfen, die Methode zu etablieren. Professor Walter Brendel zum Beispiel, der Chef des Instituts für experimentelle Chirurgie, das heute seinen Namen trägt und in dem Bruno Reichart heute forscht. Inzwischen hat der Herzchirurg mehr als tausend Transplantationen durchgeführt, in München und zwischenzeitlich auch für mehr als fünf Jahre als Chef im Groote Schuur Hospital in Kapstadt/ Südafrika. »Diese erste Transplantation aber, damals in Stanford, das war ein Meilenstein für mich. Diese entspannte Atmosphäre, dieses ruhige Arbeiten, bei dem jeder Handgriff zum Ziel führte – wie leicht sah das aus! Aber wie viel wissenschaftliche Arbeit dahintersteckte, wie viel Konzentration! Und dann die große Freude, als der Patient aus der Narkose erwachte und uns allen klar wurde, dass er die Chance hatte, bald wieder ein normales Leben zu führen!«

Wie wichtig war Respekt für Sie vor und während des Studiums? Gab es Respekt vor dem Fach, das sich mit dem menschlichen Körper beschäftigt?
Ich war der erste Mediziner in der Familie, von daher nicht vorbelastet – mein Vater war Finanzbeamter. In der Schule lagen meine Stärken in Mathematik und Kunst/Zeichnen,

also wäre ich bestimmt auch ein guter Architekt geworden. Aber es gab keine Berufsberatung, die Lehrer empfahlen mir angesichts meiner ansonsten eher durchschnittlichen Leistungen, entweder Lehrer, Psychologe oder Mediziner zu werden (einen Numerus clausus gab es damals noch nicht).

Medizin interessierte mich, weil dieses Fach eine ganz eigene, neue Welt eröffnete, in die man eintauchen konnte. Ich hatte Respekt vor diesem Studium, in den sich auch ein wenig Furcht mischte, und sah durchaus die Möglichkeit voraus, dass ich es nicht schaffen würde.

Ich bin heute der Meinung, dass es letztendlich nicht entscheidend ist, was man macht. Gute Leute werden es in allen Berufen schaffen, und das überall auf der Welt.

Im Studium nahmen die Dozenten und Professoren keine Rücksicht auf die Erstsemester – es ging mit Karacho sofort los, und zwar mit Physik, Chemie, Biologie, Zoologie. Einzig die Anatomie hatte direkt etwas mit Medizin zu tun –, und hier hatten wir dann auch tatsächlich einen Professor, der eine Einführungsvorlesung hielt. Er sagte einen Satz, den ich in den nächsten Jahrzehnten nicht mehr vergessen würde: »Man muss im Leben Dinge riskieren. Meistens wird das Leben dafür sorgen, dass sie nicht funktionieren. Es könnte aber auch sein, dass sie funktionieren.« Später habe ich den Satz selbst für meine Mitarbeiter und Studenten verwendet, allerdings ins Positive abgewandelt: »Wenn man Dinge nicht probiert, wird man nie erfahren, ob sie gegangen wären.«

Respekt im Umgang mit den Menschen (während des Studiums mit den Toten), die wir behandeln würden (deren Körperteile wir studierten) – dazu gab es damals noch keine

Unterrichtung oder Einweisung. Man muss leider sagen, dass manchmal während des Studiums der nötige Ernst fehlte. Es gab da die Geschichte von dem Gruppenfoto mit anatomischer Leiche – eine grobe Respektlosigkeit ... Die Studenten wären beinahe von der Uni geflogen. Ich war nicht dabei.

Der Respektlevel lag damals generell viel niedriger als heute. Unvorstellbar heutzutage, dass in einem voll besetzten Hörsaal eine Operation durchgeführt wird – mal abgesehen von den hygienischen Bedingungen! Aber auch die Erwartungen der Patienten waren nicht so hoch, es gab keine Proteste. Ich selbst habe erst später von Juristen erfahren, dass jeder Mensch ein Recht am eigenen Körper hat. Dass wir Ärzte eine besondere Verantwortung für den Kranken übernehmen, wenn er z.B. narkotisiert und damit nicht Herr seiner Sinne ist.

Welchen Respekt bringen Sie Patienten entgegen, etwa vor einer Operation?
Ich bin vom Gesetz her verpflichtet, mit jedem Patienten ein ins Detail gehendes Aufklärungsgespräch zu führen. Dafür muss so viel Zeit sein wie notwendig. Das geschieht in einem Raum, der Privatsphäre gewährt, nahe Verwandte dürfen zugegen sein. Ich versuche trotz der strengen Gesetzeslage, dem Patienten die Angst zu nehmen: »Es ist alles im Voraus genau festgelegt, was wir machen werden, Sie müssen sich nicht fürchten. Es wird mit hoher Wahrscheinlichkeit gut gehen, das Risiko ist dennoch nicht ganz null.«

Wenn man jeden Tag sein Bestes gibt bei der Operation,

dann kann man erwarten, dass der Patient nach dem Eingriff dieser Arbeit Respekt entgegenbringt. Dass er, wenn er wieder gesund ist, sein Leben ein bisschen ändert: zum Beispiel mit dem Rauchen aufhört, Gewicht abnimmt, seine Ernährung umstellt, Sport treibt. Und die Medikamente gewissenhaft einnimmt. Das ist bei Transplantationspatienten besonders wichtig, denn ansonsten würde das neue Organ abgestoßen werden – und das wäre mangelnder Respekt vor dem Spender und dessen Angehörigen, der nicht akzeptiert werden darf.

Wie gehen Sie mit den Ängsten der Patienten um? Wie sehr respektieren Sie besonders ängstliche, schwierige Patienten?
Wie gesagt, man ist als Arzt vom Gesetz her verpflichtet, den Kranken über jede Kleinigkeit aufzuklären. Die strenge juristische Meinung ist, dass ein erwachsener Mensch dies aushalten müsse. Was aber offenbar nur Juristen wissen: Man kann auf diese Aufklärung auch verzichten. Ich selbst lasse mich nie aufklären vor Eingriffen.

Auf die Ängste des Patienten, der am nächsten Tag operiert wird, gehe ich so sensibel wie möglich ein. Wenn er zum Beispiel vor einer großen Operation steht, bei der durchaus die deutliche Möglichkeit einer Letalität besteht, versuche ich, schonende Sätze zu finden. Zum Beispiel spreche ich nur von den Chancen des Überlebens und erwähne, dass diese oder jene Komplikationen nicht auftreten werden. Das klingt netter. Ganz hart gesottene Patienten fangen danach an, ihre Chancen nachzurechnen, was ich ihnen dann schlicht und einfach verbiete – manchmal muss man auch streng sein.

Bringen die Patienten Ihnen als Arzt und Chirurg besonders viel Respekt entgegen? Wie vermischt sich dieser mit Angst und Abhängigkeit?

Ich glaube schon, dass man Chirurgen oft mehr Respekt entgegenbringt als zum Beispiel den Ärzten, die ihnen die Tabletten verordnen. Wobei das unfair ist: Es ist eine große Leistung, wenn zum Beispiel von den Internisten schwierige Diagnosen gestellt werden, die dann zu einer medikamentösen Therapie führen und der Heilung der Erkrankung.

Ich habe es vermieden, mit den Patienten über die üblichen Gespräche hinaus persönlich in Kontakt zu treten – ein wenig Distanz ist in Heilberufen nicht schlecht, und man möchte auch mal loslassen können vom beruflichen Alltag.

Andererseits: Man sagt ja immer, der Arzt sollte Angehörige nicht selbst operieren, weil er angeblich vorbelastet sei. Das kann ich nicht nachvollziehen. Ich habe meinem Vater selbst einen Schrittmacher eingesetzt, er hat es allerdings nicht mitbekommen. Der Anästhesist hat während des Eingriffs geredet, also hat mein Vater – der die Operationsseite nicht einsehen konnte – geglaubt, dass dieser Arzt auch der Operateur war. Ich habe immer geschwiegen.

Wenn man etwas gut kann, dann ist es eigentlich egal, an wem man die Operation durchführt.

Sie arbeiten am offenen Herzen. Gibt es so etwas wie Respekt vor der Schöpfung?

Ja. Wobei Schöpfung für mich ein zu diffuser Ausdruck ist – ich bevorzuge die Worte »Evolution durch fortwährende Mutationen«. Ich sehe in unserer Welt ein System – und irgendwann einmal muss dieses System ja von irgendjemandem erfunden worden sein. Ich kann mir nicht vorstellen, dass da irgendwann einmal nur Moleküle waren, die sich nach chemischen Gesetzen vereinigt haben, um dann erst Amöben entstehen zu lassen – und irgendwann später die jedem Wissenschaftler bekannten Bäckerhefen (die in der Grundlagenforschung so wichtig sind für das Verstehen der chemischen Zusammenhänge in den Zellen). Und schließlich, nach weiteren Millionen von Jahren, letztendlich die Spezies der Primaten – also auch uns.

Dieser Bauplan dahinter, diese Evolution – die verlangt mir Respekt ab.

Ich gehöre der katholischen Kirche an. Die ist ja inzwischen auch davon abgekommen zu behaupten, dass die Welt in nur sieben Tagen erschaffen wurde. Und akzeptiert vielleicht sieben Milliarden Jahre stattdessen.

Wie gehen Sie mit dem Tod um? Respektieren Sie ihn? Oder nehmen Sie ihn als persönliche Niederlage wahr?
Ich finde, dass jeder Mensch möglichst lange leben soll und man ihm mit allen Mitteln dazu verhelfen muss. Und dass dieses Leben bis zum Schluss lebenswert sein sollte.

Diese große Diskussion, ob man das Leben mithilfe von Ärzten beenden kann – die finde ich sehr kontrovers. Nach Rücksprache mit den Angehörigen (und, wenn möglich, mit dem Patienten natürlich) kann man eine Therapie einstellen, das akzeptiere ich. Mit allem anderen tue ich mich sehr schwer.

Natürlich ist es die Aufgabe der Ärzte, das Sterben mit

adäquater Schmerztherapie zum Beispiel zu erleichtern, das ist ja auch das Feld der Palliativmedizin.

Wenn mein Patient nach einer Operation stirbt, dann ist das für mich schon eine persönliche Niederlage. Was mir dann hilft, ist das Bewusstsein, dennoch alles richtig gemacht zu haben. Dass der Patient letzten Endes einfach zu krank war, als dass ihm ein Eingriff noch helfen konnte. Das ist schicksalhaft. Dazu gibt es auch Statistiken: Wenn man hundert bestimmte Operationen wie zum Beispiel einen Herzklappenersatz macht, dann besteht eine Letalität von etwa zwei Prozent. Das ist so – und weil es so ist, wird man irgendwann aus verschiedenen Gründen einen Patienten verlieren, obwohl man sich anstrengt, dies zu verhindern.

Es kann deshalb nicht richtig sein, wenn manche Chirurgen behaupten, sie hätten keine Komplikationen. Sie sagen dann entweder nicht die Wahrheit oder arbeiten nicht viel.

Krankenhäuser sind bekannt für ihre strengen Hierarchien. Wie sieht es mit Respekt unter Kollegen aus? Gibt es eine Rangordnung?

Innerhalb einer Klinik ist eine bestimmte Rangordnung notwendig – man sollte es nur nicht übertreiben. Ich habe meinen Mitarbeitern innerhalb der Grenzen des Klinikalltags immer viel Freiraum gelassen und ihre eigenen Methoden bei Operationen akzeptiert, sofern sie erfolgreich damit waren. Vor jungen Kollegen habe ich immer Respekt gehabt, Diskussionen dürfen sein. Allerdings muss einer da sein, der die Entscheidung in kontroversen Fällen trifft. Der im Notfall sagt, wo es langgeht.

Wenn zum Beispiel vor einer schwierigen Operation ein Mitarbeiter eine andere Meinung hat und sagt: »Das mache ich nicht, es fällt mir schwer, dieses Vorgehen zu akzeptieren« – dann antworte ich ihm »Okay, dann mache ich es« und übernehme. Man muss es natürlich dann auch können und zum Erfolg bringen.

Die Hierarchien, wie ich sie zu Anfang meiner Ausbildungszeit kennengelernt habe, waren überzogen. Wenn ich heute auf Medizinkongressen ehemalige Schüler treffe, kommen viele auf mich zu und reden freundlich mit mir. Das bestätigt mir nach langen Jahren, dass mein Vorgehen offenbar nicht schlecht war. Das freut mich.

Der Chirurg genießt als Inbegriff des Arztes in weiten Teilen der Bevölkerung besonders viel Respekt. Woher stammt diese Hochachtung?

Das liegt wohl daran, dass er selbst Hand anlegt. Wobei die Handfertigkeit meiner Meinung nach überschätzt wird. Wichtiger ist es, wie ein Chirurg die Operation plant; die Kopf- beziehungsweise die Hirnleistung ist es, die entscheidet. Bei leichten Operationen ist das Vorgehen in der Regel einfach, wenn auch nie Routine. Bei schwierigen, außergewöhnlichen Operationen mache ich einen Plan – und gleich auch noch mindestens einen Ersatzplan, wenn der erste nicht funktionieren sollte. Dabei muss man auch die Grenzen des Patienten sehen: Was hält er aus? Diese Beurteilungen beruhen auf Erfahrungen, auf wissenschaftlichen Studien, die andere oder man selbst gemacht hat. Ich verlasse mich niemals auf das Bauchgefühl, auch nicht auf das

Glück – das ist die Haltung eines Spielers. Mit Glück kann man nicht ständig erfolgreich sein.

Als junger Chirurg kann man Erfahrung bekommen, wenn man gute Lehrer hat, die einem viel beibringen.

Wie verschafft man sich als junger Arzt Respekt – bei den Kollegen und bei den Patienten? Welche Eigenschaften braucht es?

Man sollte auf jeder Ebene der Karriere, auf der man sich gerade befindet, mit viel Sorgfalt arbeiten. Man sollte viel fragen – das ist ja heute durch das Internet einfacher geworden. Ich hatte immer ein kleines Buch in der Tasche, in das ich meine Erfahrungen, die Dosierungen von Medikamenten etc. eingetragen habe.

Man sollte fleißig sein, viel Fachliches lesen, auch über den eigenen Tellerrand hinausschauen, Abläufe ebenso wie Patienten ernst nehmen, kompetent und freundlich sein. Den Beruf mit allen Aspekten respektieren.

Worauf sind Sie besonders stolz? Auf Ihre wissenschaftlichen Leistungen? Die geglückten Herz- und Herz-Lungen-Transplantationen? Auf Ihren Ruf? Oder sind es ganz andere Momente, etwa, Patienten die Angst vor schweren Eingriffen genommen zu haben?

Letzteres freut mich – wenn ich Patienten geholfen habe. Wenn es ihnen gut geht nach vielen Jahren, wenn sie mich dann nach vielen Jahren ansprechen und es mir sagen.

Ich bin stolz darauf, neue Dinge durchgesetzt zu haben. Wobei die Transplantationen sicher die auffälligsten waren, aber es gab auch so viel anderes – wenn ich zum Beispiel eine Behandlung mit entwickelt habe. Es ist immer sehr befriedigend, wenn etwas Neues gelingt, weil das nicht einfach und mit vielen Mühen verbunden ist.

Ich kann Kollegen nicht verstehen, wenn sie nicht ähnlich denken. »Seid ihr denn nicht neugierig?«, frage ich sie dann. Neugier ist etwas Positives im Leben eines Mediziners. Denn es ist extrem spannend, in neue Sphären einzutauchen – wie momentan in das Gebiet der Xenotransplantation. Das ist die Verpflanzung von Geweben und Organen fremder Spezies in Menschen. Ich erfahre Dinge, die man als normaler Herzchirurg nie sehen würde, und dafür bin ich dankbar: Man lernt andere Technologien kennen. Wie zum Beispiel gentechnische Methoden, die zunehmend bedeutend werden für die Medizin – zum Beispiel in der Tumorforschung.

Respekt im HipHop

HipHop ist eine der erfolgreichsten Jugendkulturen und Musikrichtungen des Landes, das Stadium einer »Modeerscheinung« hat er längst überschritten. HipHop ist Geisteshaltung und Philosophie – und oftmals Waffe für diejenigen, die sonst keine Stimme haben, um Ungerechtigkeiten aufzuzeigen.

Sascha Verlan ist seit vielen Jahren angesehener Kenner der internationalen HipHop-Szene und anderer Empowerment-Bewegungen.

Als Autor, Journalist und Regisseur schreibt und produziert er – gemeinsam mit Almut Schnerring – in der »Wort & Klang Küche« in Bonn Radiofeatures und Hörspiele. Sascha Verlan bloggt unter www.kulturelle-störgeräusche.de und unter www.ich-mach-mir-die-welt.de.

GEDISST!
Aus der HipHop-Kultur auf die Schulhöfe

Ein Text von Sascha Verlan

Respekt kommt im HipHop der vergangenen zehn, fünfzehn Jahre vor allem als sein Gegenteil daher, als disrespect, als Diss, als Beef, als Beschimpfung und Pöbelei. Das
gehöre eben zu Rap und HipHop, wird dann leichtfertig in
die Runde geworfen, will heißen, dass man das Ganze bitte
nicht so ernst nehmen solle, dass das alles nur ein Spiel
sei. Ein Spiel? Einverstanden, aber wie lauten die Regeln?
Und vor allem: Worum geht es in diesem Spiel? Was ist das
Ziel?

»ihr sagt, es sei nur entertainment, doch für mich ist es
gewalt« (Sookee – Abschiedsbrief)

Für das englische Verb »to disrespect« gibt es im Deutschen
keine gleichwertige Übersetzung: Ich kann zwar jemanden
herabsetzen, verunglimpfen, respektlos behandeln, doch to
disrespect geht weiter, bedeutet, anderen den Respekt ent-
ziehen, ist die Behauptung, dass der oder die andere keinen
Respekt mehr verdient hat. Disrespect ist die Abwesenheit
von Respekt. Wo es aber keinen Respekt mehr gibt, kann

es auch keinen disrespect geben. Vorbehaltloser Respekt ist
überhaupt erst die Voraussetzung dafür, dass im HipHop
gedisst werden kann. Und es ist die große Errungenschaft
der frühen HipHop-Szene, dass sie den Respekt zurückge-
bracht hat in ein soziales Umfeld, das in Drogen- und Ban-
dengewalt zu versinken drohte, den Respekt vor anderen
und, ebenso wichtig, den Respekt vor sich selbst.

Die Geschichte des HipHop beginnt mit einer städtebauli-
chen Respektlosigkeit, mit der mutwilligen und rücksichtslo-
sen Zerstörung eines sozial intakten New Yorker Stadtviertels:
In den 1960er-Jahren wurde der Cross-Bronx-Expressway
gebaut, der die neuen Außenbezirke der Stadt mit dem New
Yorker Zentrum Downtown Manhattan verbinden sollte.
Eine vielspurige Autobahn führt seitdem mitten durch die
Bronx. Und wer die finanziellen Möglichkeiten hatte, suchte
sich schnellstens eine neue Bleibe in einem anderen Stadtviertel, wer blieb, hatte meistens keine andere Wahl. Innerhalb weniger Jahre entstand dann jene Stadtlandschaft aus
heruntergekommenen Mietshäusern, verwahrlosten Hinterhöfen und verfallenden Fabrikarealen, wie sie immer wieder
als Kulisse für apokalyptische Hollywoodstreifen herhalten
musste. Vor allem die Jugendlichen, die hier weiterhin auf-
wachsen mussten, entwickelten bald einen trotzigen Stolz
auf ihr Stadtviertel, ihren Block, den sie gegen die Ordnungs-
macht und gegen Jugendliche anderer Viertel zu behaupten
suchten, was immer wieder zu gewalttätigen Auseinandersetzungen führte. In den folgenden Jahren erlebten die Ban-
denkriege einen ersten traurigen Höhepunkt.

»ich weiß noch genau, wie das alles begann« (Torch – Kapitel 1)

Die gängige Vorstellung, dass in der Bronx, in Queens, Harlem oder in Brooklyn fast ausschließlich Menschen mit afroamerikanischen Wurzeln lebten und leben, ist schlicht falsch. Was die Jugendlichen afroamerikanischer, fernöstlicher, lateinamerikanischer, aber auch irischer, südeuropäischer Herkunft einte, war die Erfahrung, dass sie in den Kneipen, Clubs und Diskotheken Downtown Manhattans keine gerne gesehenen Gäste waren und meistens von den Türstehern abgewiesen wurden. Also organisierten sie sich ihre eigenen Partys in den Hinterhöfen und verlassenen Gebäuden und zapften Strom ab von Straßenlaternen und öffentlichen Verteilerkästen. Auf diesen sogenannten BlockPartys entstand dann eine neue, eigenständige Kultur: HipHop.

Während Taki 183, Superkool, Phase 2 und Futura die U-Bahnen und Häuserwände besprühten, die Rock Steady Crew, New York City Breakers, Electric Boogaloos und Zulu Kings Breakdance entwickelten, Doug E. Fresh, K-Love, Biz Markie und die Fat Boys die Human Beatbox erfanden, während Kool DJ Herc, Grandmaster Flash, Grandwizzard Theodore und DJ Hollywood ihre Tricks an den Plattenspielern perfektionierten und die Furious Five, Coldcrush Brothers, Sha Rock mit den Funky Four und Kurtis Blow mit ihren Raps die DJs auf den Partys bald in den Schatten stellten, schuf Afrika Bambaataa den kulturellen Überbau des HipHop.

Afrika Bambaataa war als Kind schon Mitglied der Black

Spades geworden. Er hatte selbst erlebt, wie wichtig dieser Gruppenzusammenhalt für die Jugendlichen in den Armenvierteln ist. Als jedoch sein bester Freund erschossen wurde, zog er sich von seinem Gangleben zurück. Später gründete er die Zulu-Nation, einen Zusammenschluss unterschiedlichster Künstler und Aktivist*innen der HipHop-Kultur. Die Zulu-Nation sollte den Jugendlichen den Zusammenhalt geben, den sie in den Gangs suchten, aber ohne die negativen Begleiterscheinungen von Drogen, Missbrauch und Gewalt. Und gemeinsam gelang es, die gewalttätigen Auseinandersetzungen der Gangs in künstlerische Bahnen zu lenken. Streitigkeiten wurden nun, nicht immer, aber immer öfter, auf den HipHop-Bühnen ausgetragen als Rap-, DJ-, Breakdance- oder Graffiti-Battle. Dass diese Battles funktionieren konnten, dass sie tatsächlich als kreative Alternative zur reinen körperlichen Gewalt akzeptiert werden konnten, die Voraussetzung dafür war vorbehaltloser Respekt.

Die metaphorische Gewalt in den Rap-Texten, in den Bewegungen des Breakdance, in der gesamten Attitüde von Graffiti hat hier einen ganz handfesten Sinn und Zweck, nämlich tatsächliche, rohe körperliche Gewalt zu verhindern. In den Battles ging es darum, das Publikum auf die eigene Seite zu ziehen, die Leute zu überzeugen, dass man selbst die besseren Skills, die besseren Fähigkeiten, die spektakuläreren Tricks draufhat, dass die anderen »whack« sind, nichts können. Dieser kreative Wettstreit in allen Ausdrucksbereichen der HipHop-Kultur führte nicht nur dazu, die rohe Gewalt einzudämmen, sondern brachte auch die gesamte künstlerische Entwicklung voran: Aus den einfachen, kurzen

Reimen der Anfangszeit wurden bald ausgefeilte Texte, den DJs gelang es mehr und mehr, aus den Ausschnitten anderer Musikstücke eigene Kompositionen zu entwickeln, die Graffiti-Szene entwickelte ihre eigene Zeichen- und Farbenlehre, die Beatbox-Szene ihre ganz eigene Soundästhetik, und die B-Boys und B-Girls übernahmen Bewegungen aus dem Capoeira und fernöstlichen Kampftechniken und schufen so den akrobatischen Tanzstil, der bald darauf die Bühnen und Fußgängerzonen der Welt erobern sollte.

Es mag uns heute erstaunlich bis unglaubwürdig erscheinen, dass diese kreativen Wettkämpfe anerkannt wurden als Mittel, ernste und persönliche Streitigkeiten auszutragen, die sonst schnell in körperliche Gewalt ausarteten. Ein Blick in die Geschichte zeigt allerdings, dass es zu allen Zeiten und in vielen Kulturen solche künstlerischen Wettkämpfe gab als Mittel, soziale und persönliche Konflikte auszutragen. Die antiken griechischen Mythen erzählen davon, es existieren Aufzeichnungen von den grönländischen Inuit, die ihre juristischen Auseinandersetzungen in Form von improvisierten gereimten Versen austrugen, ähnliche Traditionen gibt und gab es in Westafrika, in Asien und im arabischen Kulturkreis. Und auch in der klassischen griechischen Rhetorik sind die Übergänge von Gedicht zu Gerichtsrede nicht wirklich klar.

In Deutschland haben HipHop-Battles nur selten diesen sozialen Hintergrund. Battle ist hierzulande vor allem ein Textgenre oder ein spannendes Veranstaltungsformat. Da steigen Rapper und ganz selten Rapperinnen gegeneinander in den Ring und beschimpfen sich gegenseitig aufs Übelste. Es geht nicht darum, tatsächliche Gewalt zu verhindern, es geht darum, das Publikum zu belustigen, ob auf der Bühne oder in den einschlägigen Rap-Texten. Und da es in dem Battle eben darum geht, sich über die Gegner*innen zu stellen, werden in den Texten dann mit Vorliebe Metaphern und Vergleiche von Dominanz und Schwäche bemüht: Die anderen werden als schwul und fett gedisst, als Nutten und Hurensöhne, als Mädchen und Juden, als Spasten und Behinderte, Nigger und Kanaken, sie werden gefickt und vernichtet, benutzt und vergewaltigt, gefoltert und getötet, was auch immer. Und weil der ernste soziale Hintergrund fehlt, nämlich reale Gewalt zu verhindern, fehlt vielen Protagonisten der Szene hierzulande auch das Gespür dafür, wann die Grenze des Respekts erreicht ist, wann die Würde der Menschen verletzt wird. Da geht es dann nur noch darum, immer noch krassere Vergleiche zu finden, bis man dann eben am Ende Napalm-Bomben und andere verbale Massenvernichtungswaffen verstreut oder sich gleich mit Hitler vergleicht, der seine Gegner auslöscht. Während die Battles in den USA den gegenseitigen Respekt förderten, ist hierzulande ein Klima entstanden, das Gewalt eher fördert, anstatt sie zu überwinden.

N.W.A – Niggaz wit Attitude

Vieles, was wir in Europa als Teil der HipHop-Mode wahrnehmen und gerne, bisweilen unreflektiert, übernehmen, hatte ursprünglich eine subversive Bedeutung für die Jugendlichen in den Armenvierteln von New York. Warum zum Beispiel tragen die HipHops ihre Hosen so weit, dass der Schritt irgendwo auf Kniehöhe hängt? In den US-amerikanischen Gefängnissen war es den Insassen verboten, Gürtel, Hosenträger oder Schnüre zu tragen, damit sie sich selbst und andere nicht damit verletzen können. Außerdem gab es nur Einheitsgrößen, die einigen zu klein und zu eng waren, der Mehrheit aber zu groß, also baumelten die Hosen bei vielen eben zwischen den Knien. Es mag sich dabei ursprünglich um eine gut gemeinte Schutzmaßnahme gehandelt haben, im Gefängnisalltag war es für die Insassen vor allem eines: Schikane. Aus Solidarität zu ihren inhaftierten Freunden und Brüdern begannen die HipHops auch außerhalb der Gefängnisse Übergröße zu tragen und machten darauf aufmerksam, dass sie in der Regel härter bestraft werden und schneller im Gefängnis landen als Weiße. Damit machten sie aus einer Schikane einen Style und freuten sich insgeheim, als weiße Jugendliche begannen, ihre Mode zu imitieren und cool zu finden. Offene Turnschuhe mit breiten, bunten Schnürsenkeln (natürlich schlurften die HipHops damit nicht durch die Gegend wie viele Jugendliche in Europa, sondern sie hatten sich Gummibänder in die Schuhe genäht, sodass diese auch mit offenen Bändern fest am Fuß saßen), Kapuzenpullis (Hoodies), ein hochgekrempeltes Hosenbein, protzige Goldketten, echt, aber öfter imitiert ... all diese Insignien der HipHop-Kultur haben einen subversiven Kern, der in Deutschland und Europa oft nicht erkannt wurde, was immer wieder auch als Respektlosigkeit aufgefasst wurde.

Die wichtigste positive Umdeutung der HipHop-Kultur aber leistete die West-Coast-Band N.W.A – Niggaz wit Attitude. Ihr wollt uns stigmatisieren, ausgrenzen, verunglimpfen, nennt uns Nigger? Okay, wir sind Nigger, wir sind Nigger mit Haltung! Das war die Botschaft von N.W.A und HipHop. Um der rassistischen Beleidigung ihre zerstörerische Macht zu nehmen, nennen sich viele Afroamerikaner nun gegenseitig Nigger, gemeint als respektvolle Bezeichnung wie Homie, Brother oder Freund. Die Botschaft für die weiße Mehrheitsgesellschaft war eindeutig: Wir lassen uns nicht länger ausgrenzen und unterdrücken, wir sind selbstbewusst, wir sind stolz, wir zeigen Haltung und nehmen unser Schicksal selbst in die Hand. Wir sprechen für uns selbst.

Das ist der Kern der immer wieder zitierten Aussage von Chuck D, Rapper der New Yorker Gruppe Public Enemy, der Rap einmal als das CNN der Schwarzen bezeichnet hat.

Die Rap-Gruppe Fresh Familee aus Ratingen-West hat mit ihrem Song »Sexy Kanake« eine vergleichbare Umdeutung eines rassistischen Begriffes versucht, vor allem aber mit den »Achmet Gündüz«-Songs und der Kunstfigur Buddy Murat, die der Familee-Rapper Tachi gerne auf der Bühne spielte. Im gebrochenen Deutsch der ersten Generation von Arbeitsmigrant*innen spiegelte er die Situation und vor allem das Bild, das die Mehrheitsgesellschaft zeichnet von den Menschen mit Migrationshintergrund:

> »mein name is ahmet gündüz, lass mich erzählen euch
> du muss schon gut zuhören, ich kann nix sehr viel deutsch
> komm von der türkei, swei Jahre her
> und ich viel gefreut, doch lebene hier is schwer
> auf arbeit chef mir sagen: kanake, hey wie geht's?

ich sag dann: hadi siktir lan, doch arschloch nix versteht
mein sohn gehen schule, kann schreiben jez
doch lehrer ist ein schwein, er gibt ihm immer sechs
gestern ich komm von arbeit und sitzen in der bahn
da kommt ein besoffene mann und setzt sich nebenan
der mann sagt: öff, du knoblauch stinken
ich sagen: ach, egal, du stinken von trinken!«
(Fresh Familee – Achmet Gündüz)

All das ändert nichts daran, dass es rassistisch und belei-
digend bleibt, wenn Weiße Begriffe wie »nigger« oder
»Kanake« verwenden, in den USA und auch hier in Deutschland. Im Gegenteil, die Verwendung dieser Begriffe innerhalb der betroffenen Communities soll die Mehrheitsgesellschaft immer wieder aufs Neue darauf hinweisen, dass
Diskriminierung und Ausgrenzung nach wie vor alltäglich
sind. Es ist eine Form von Selbstermächtigung, eine Strategie, die negativen Bilder im eigenen Kopf zu überwinden,
eine Strategie, mehr Respekt zu erhalten, gerade auch vor
sich selbst. »Die Reichen werden immer reicher, weil sie
reich werden wollen«, rappte der New Yorker Rapper KRS
ONE in einem improvisierten Freestyle-Rap: »Die Armen
werden immer ärmer, weil sie das Ghetto nicht aus ihren
Gedanken bekommen.«

»the rich get richer 'cause they want turn rich
the poor get poorer 'cause their mind can't switch
from the ghetto«
(Freestyle – KRS ONE)

»wir wollen keinen dank, wir woll'n respekt«
(Microphone Mafia – Denkmal)

HipHop kam Anfang der 1980er-Jahre mit Breakdance nach Europa und Deutschland. Die kulturellen Zusammenhänge wurden erst später klar, als die große Modewelle wieder verschwunden war, als nur noch ein paar wenige Jugendliche in Deutschland übrig geblieben waren, für die HipHop mehr geworden war als ein paar lustige Tanzbewegungen vor dem Fernseher mit Eisi Gulp im ZDF. Jugendliche unterschiedlichster sozialer und ethnischer Herkunft vernetzten sich in den folgenden Jahren und veranstalteten später in ganz Deutschland und Europa gemeinsam HipHop-Partys, die sogenannten Jams. Gerappt wurde zuerst auf Englisch und später in all den Mutter-, Vater- und Fremdsprachen, die die HipHops beherrschten. Erst Anfang der 1990er-Jahre begann sich – mit den ersten kommerziellen Erfolgen der Fantastischen Vier – Deutsch als Rap-Sprache hierzulande durchzusetzen. Gleichzeitig breitete sich eine Welle rechtsradikaler Gewalt über Deutschland aus, die in den Brandanschlägen von Mölln und Solingen, den Überfällen auf die Asylbewerber- und Flüchtlingsheime von Rostock-Lichtenhagen und Hoyerswerda ihren Höhepunkt erreichte.

Für viele Rapper und Rapperinnen mit, aber auch ohne Migrationshintergrund waren das einschneidende Erlebnisse, die ihre weitere musikalische Entwicklung stark beeinflussten und die Szene prägten. In den Medien wurde stattdessen über den so bezeichneten DeutschRap berichtet, obwohl oder gerade weil er nicht wirklich ernst genommen wurde. Den Gruppen um die Fantastischen Vier, Fettes Brot, Zentrifugal und anderen fehlte einfach zu viel vom echten Rap, vom Klischee von Gangster, Ghetto und Gewalt. Das führte in den folgenden Jahren zu einer Radikalisierung der Rap-Szene: Da sich kaum jemand für ihre Texte interessierte, in denen sie sich mit dem alltäglichen Rassismus in Deutschland auseinandersetzten, in denen sie für ein gleichberechtigtes Zusammenleben eintraten, wurden die Metaphern allmählich härter, der Tonfall rauer, die Bilder und Geschichten krasser. Kutlu Yurtseven, der seit Anfang der 1990er-Jahre bis heute mit seiner Gruppe Microphone Mafia in der Szene aktiv ist, hat diese Entwicklung miterlebt: »Wer sich heute für DeutschRap interessiert, findet nicht nur Deutsche sondern auch Türken, Italiener, Araber, die auf Deutsch rappen und die auch Erfolg haben damit, zum Beispiel Eko Fresh, Kool Savas oder Bushido. Wir sind also wieder mit dabei, aber auf 'ne Art und Weise, die ich mir anders gewünscht hätte. Weil, was haben wir gemacht? Wir sind krass geworden und wir haben in den Texten die tiefsten Vorurteile bestätigt, dass wir aggressiv seien, asozial, dass wir dealen und uns schlagen; so eine Romantik des Asozialen. Und das auf Deutsch natürlich. Und leider sind wir genau damit auch für die deutschen Kids wieder interessant geworden.«

»RESPECT« – die Hymne der Frauenbewegung

Ein Exkurs

»Respect« ist ein Song von Otis Redding aus dem Jahr 1965. In der von Aretha Franklin gesungenen Fassung aus dem Jahr 1967 wurde der Titel ein Millionenseller der Soulmusik. Er steht auf Platz 5 der Liste der 500 besten Songs aller Zeiten.

»Respect« wurde Ende der 60er-Jahre zur Hymne der Feministinnen: der weltweit gehörte Aufschrei der bis heute unangefochtenen »Queen of Soul« Aretha Franklin, ihre mit unglaublicher Leidenschaft vorgetragene Forderung nach Respekt. An vielen Orten überall in der Welt hatte zu jener Zeit gleichzeitig die sogenannte »zweite Welle der Frauenbewegung« begonnen. »Man wird nicht als Frau geboren, sondern dazu gemacht!« Dieser Satz, den die Französin Simone de Beauvoir schon Jahre zuvor in ihrem Buch »Das andere Geschlecht« geschrieben hatte, machte den jungen Frauen Mut. Sie forderten: »Schluss mit der Erziehung der Mädchen zur Unterwürfigkeit, Unselbstständigkeit und Hilflosigkeit!«

Feministinnen in den USA und in Westeuropa rückten die bis dahin als »privat« tabuisierten Themen und Probleme in Paarbeziehungen und das Verhältnis zwischen den Geschlechtern ins Zentrum der politischen Auseinandersetzung. Liebe, Sexualität, Kinderwunsch, Hausarbeit und Beziehungsmuster hatten bis zu diesem Zeitpunkt als »naturhaft gegeben« und als privat nicht veränderbar gegolten. Nun wurden die Verfügung über den weiblichen Körper ebenso wie die geschlechtsspezifische Arbeitsteilung und die damit verbundene Diskriminierung zu den zentralen Themen der Frauenbewegung. Darüber hinaus inspirierten in den USA die Bürgerrechtsbewegung der Afroamerikaner und die Massenproteste gegen den Vietnamkrieg die Frauen, sich auch wieder stärker für ihre eigene gesellschaftliche Gleichstellung zu engagieren.

In diese aufgeheizte Phase platzte Aretha Franklins Song »Respect«, in dem sie einen veränderten, auf ihre Frauenrolle zugeschnittenen Text sang, wie eine Bombe. Zum Hintergrund: In jener Zeit konnten die amerikanischen Frauen keine Sozialhilfe beanspruchen, wenn sie mit einem Mann zusammenlebten. In der Franklin-Version geht es um eine Frau, die dennoch diese Unterstützung bezieht und diese ihrem (nicht angetrauten) Mann überlässt, wenn er nach Hause kommt. Alles, was sie dafür erwartet, ist ein wenig Respekt.

»Aretha Franklin war zu dieser Zeit selbst in einer unglücklichen Ehe gebunden und hatte viel zu ertragen«, erklärt Fritz Egner, Kenner der Rock- und Pop-Szene der 6oer-Jahre. »Der Song wurde auch zu ihrem eigenen Befreiungsschlag. Ironischerweise entstand die Aufnahme am Valentinstag, dem Tag der Verliebten. Ausnahmsweise war der ungeliebte Ehemann nicht im Studio anwesend. Entsprechend befreit sang sich Aretha die Seele aus dem Leib.«

RESPECT – Otis Redding/Aretha Franklin

(Ooo) What you want
(Ooo) Baby, I got it
(Ooo) What you need
(Ooo) do you know I got it?
(Ooo) All I'm askin'
(Ooo) Is for a little respect when you come home (just a little bit)
Hey baby (just a little bit) when you get home
(just a little bit) mister (just a little bit)

I ain't gonna do you wrong while you're gone
Ain't gonna do you wrong (ooo) 'cause I don't wanna (ooo)
All I'm askin' (ooo)
Is for a little respect when you come home (just a little bit)
Baby (just a little bit) when you get home (just a little bit)
Yeah (just a little bit)

I'm about to give you all of my money
And all I'm askin' in return, honey
Is to give me my profits
When you get home (just a, just a, just a, just a)
Yeah baby (just a, just a, just a, just a)
When you get home (just a little bit)
Yeah (just a little bit)

Ooo, your kisses (ooo)
Sweeter than honey (ooo)

And guess what? (ooo)
So is my money (ooo)
All I want you to do (ooo) for me
Is give it to me when you get home (re, re, re, re)
Yeah baby (re, re, re, re)
Whip it to me (respect, just a little bit)
When you get home, now (just a little bit)

R-E-S-P-E-C-T
Find out what it means to me
R-E-S-P-E-C-T
Take care ... T-C-B

Oh (sock it to me, sock it to me,
sock it to me, sock it to me)
A little respect (sock it to me, sock it to me,
sock it to me, sock it to me)
Whoa, babe (just a little bit)
A little respect (just a little bit)
I get tired (just a little bit)
I keep on tryin' (just a little bit)
You're runnin' out of foolin' (just a little bit)
And I ain't lyin' (just a little bit)
(re, re, re, re) 'spect
When you come home (re, re, re, re)
Or you just might walk in (respect, just a little bit)
And find out I'm gone (just a little bit)
I got to have (just a little bit)
A little respect (just a little bit)

Respekt im Sport

Es gibt kaum einen Sportler, dem mehr Respekt gezollt wird als dem Münchner Fußballprofi Philipp Lahm, dem Kapitän des Rekordmeisters FC Bayern, dem Triple-Gewinner 2013 und Weltmeister 2014.

Respekt – das bedeutet in seinem Fall: Anerkennung für seine Leistung. Bewunderung für seine Fairness. Lob für sein souveränes Auftreten in der Öffentlichkeit. Und bei den anderen Profis manchmal auch die Angst, auf dem Fußballfeld seinen überragenden Fähigkeiten nicht gewachsen zu sein.

Als Philipp Lahm mit dreißig Jahren nach der WM 2014 seinen Rücktritt aus der Nationalmannschaft bekannt gab, trafen aus aller Welt Respektsbezeugungen ein, und ein Magazin titelte: »Die Fußballwelt verneigt sich vor Philipp Lahm«. Als er nur wenige Monate später in Aussicht stellte, 2018 seine Karriere ganz beenden zu wollen, wunderten sich die Experten zwar über den frühen Zeitpunkt der Bekanntgabe, zollten jedoch sofort wieder Respekt: Lahm sei ein Mann mit klaren Gedanken und werde sich das schon überlegt haben.

Der Fußballer

Respekt und Anerkennung im Profifußball

Ein Interview mit Philipp Lahm

Das Interview findet im Besprechungszimmer der Agentur statt, mit der Philipp Lahm schon seit vielen Jahren zusammenarbeitet. Viel dunkles Holz, englische Stoffe, Jalousien, die keine Ein-, nur Ausblicke auf die kleine Straße im Münchner Glockenbachviertel erlauben. In der Nachbarschaft viele Cafés, Kneipen und Szenelokale, gleich um die Ecke ist die Bar, in der Mehmet Scholl zeitweise als DJ beschäftigt war. An der Wand ein berühmtes Fußballerfoto: Nicht Philipp Lahm, sondern Pelé und Franz Beckenbauer, knackig und in Schwarz-Weiß unter der Dusche.

Auf dem Tisch Infomaterial zu Philipp Lahms viel gelobtem Sommercamp-Projekt: Jungen und Mädchen zwischen neun und zwölf Jahren, zum Teil aus benachteiligten Familien oder Institutionen, können eine Woche lang viele Workshops ausprobieren, um Selbstbewusstsein aufzubauen.

»Sorry, ich bin zu spät, tut mir leid!« Jeans und dunkles Hemd, darüber ein grauer Pullover, und ein entschuldigender Blick: Das Interview kann sofort beginnen. Zunächst ein eher vorsichtiges Frage-und-Antwort-Gespräch, das Vertrauen muss erst aufgebaut werden. Später dann lebhafte Erzählungen und viel Lachen. Und zum Schluss noch ein paar Storys, die aber nicht gedruckt werden dürfen. Off the records, er stellt zuvor eigenhändig das Aufnahmegerät ab. Profi nicht nur auf dem Fußballplatz.

Bewunderung, Ehrfurcht, Angst – was verstehen Sie unter Respekt?
Im Privaten: Offen auf Menschen zugehen, deren Meinung anhören und ihnen die Möglichkeit geben, sich ebenfalls zu öffnen. Und Regeln einhalten.

Im Beruf: In Mannschaften ist Respekt natürlich immer ein großes Thema – gegenüber den Mitspielern, dem Trainer, den Gegnern, dem Schiedsrichter. Und auch hier gibt es Regeln, die nicht missachtet werden dürfen.

Ich bin der festen Überzeugung, dass man den Respekt gegenüber Mitmenschen von zu Hause mitbekommt. Mit fünfeinhalb Jahren bin ich in einen Fußballverein gekommen, mit zwölf Jahren dann zum FC Bayern, ich war immer einer der Jüngsten. Ich habe viel trainiert, war diszipliniert und motiviert, es gab keine Probleme mit den Trainern oder anderen Bezugspersonen, die dafür zuständig waren, wo die Grenzen verlaufen. Später hat sich das verschoben – bis man sozusagen fast auf Augenhöhe mit dem Trainer war und ihm zum Beispiel sagen konnte: »Ja, Trainer, alles in Ordnung, aber vielleicht wäre es besser, wir machen in eine andere Richtung weiter ...«

Im Laufe meiner Karriere gab es immer wieder Beispiele von Spielern, die versuchten auszuscheren. Manche mussten erst lernen, dass es jemanden gibt, der klare Ansagen macht und dem man Respekt zeigen muss.

Klingt nach einer harten Schule für junge Männer, die noch auf der Suche nach sich selbst sind?

Ich hatte das Glück, dass mir mein Hobby Sport schon immer geholfen hat, Selbstvertrauen aufzubauen. Man konnte früh sehen, dass ich besser war als viele andere in meinem Alter. In der Schule wussten alle, dass ich beim FC Bayern bin. Wir hatten eine Schülermannschaft, da wurde ich von Gegnern oft gefragt, wo spielst du eigentlich? Und wenn ich dann FCB sagte, dann merkte ich sofort den Respekt.

Wie erringt man beim FC Bayern Respekt innerhalb der Mannschaft?

Bei uns ist es so: Respekt holt man sich definitiv auf dem Platz durch Leistungen. Aber es gibt noch eine andere Seite, nämlich sich den Respekt zu erarbeiten. Da ist zum Beispiel ein Spieler, der vielleicht nicht so viel Talent hat. Aber auch wenn er nicht regelmäßig spielt – wir sprechen hier vom FC Bayern, da ist das Niveau schon sehr, sehr hoch –, so ist er doch immer auf dem Trainingsplatz, gibt jeden Tag alles für die Mannschaft, will unbedingt dabei sein. Durch seine Leidenschaft, sein Herz gewinnt er Respekt.

Doch im Großen und Ganzen ist es natürlich so, dass einem mit Respekt begegnet wird, wenn man etwas sehr gut kann. Dieses Glück hatte ich.

Zu Beginn Ihrer Karriere wurden Sie einmal ausgeliehen, für zwei Jahre nach Stuttgart – war das eine große Erschütterung für Ihren Selbstrespekt?

Zu so einer Entscheidung gehören immer zwei – ich wollte

das ja auch! Ich hatte damals keine Chance, in die erste Mannschaft hochzukommen. Zwei Jahre lang hatte ich in der Regionalliga gespielt – immer, und nach meiner Einschätzung sehr gut. Auf jeden Fall hatte ich Selbstbewusstsein aufbauen können. Aber wenn man beim FCB ist, Topverein im deutschen Fußball, dann muss man Eigenrespekt haben und reflektieren können: Was ist eigentlich der nächste Schritt, wenn ich es hier nicht schaffe? So kam es dann zu der Vereinbarung, mich für zwei Jahre auszuleihen.

Man kann es übrigens auch ganz anders sehen, wenn man ein gesundes Selbstbewusstsein hat: Hey, die haben mich ja nicht verkauft – nur ausgeliehen! Ich habe mich damals für diese Sehweise entschieden (lacht).

Nachträglich betrachtet war das genau der richtige Schritt, oder?
Absolut. Aber es gehört auch immer Glück dazu. Man konnte zu dem Zeitpunkt nicht davon ausgehen, dass ich sicher wieder zurückkommen würde nach München. Hätte ich es bei Stuttgart nicht geschafft, hätte Bayern mich zwar zurücknehmen müssen, weil ich ja einen Vertrag hatte. Aber wenn sie gleichzeitig gesagt hätten, nein, spielen wirst du bei uns nicht, dann wäre ich nicht zurückgegangen. Aber so wurde ich in Stuttgart Bundesligaspieler, Nationalspieler, hat ja alles gepasst. Und in München gehörte ich dann ab 2006/2007 zur Stammelf. Ich hatte schon relativ viel Glück.

Glück … Es war doch vor allem Leistung?
Ich bin der Überzeugung, dass sich früher oder später Qualität, Ehrgeiz, Ausdauer, alles, was eine erfolgreiche Person

ausmacht, durchsetzen. Aber bei mir kam auch Glück dazu. Zwei Linksverteidiger hatten sich verletzt. Ich hatte noch nie auf dieser Position gespielt – und plötzlich fragte mich der Trainer, ob ich da spielen könnte. Na klar kann ich das, habe ich sofort gesagt! (lacht) Ich sag doch nicht, ich kann das nicht – das war meine Chance!

Nach fünf Spieltagen war ich Linksverteidiger. Wenn sich die beiden nicht verletzt hätten ... wer weiß, wie meine Karriere weitergegangen wäre.

(Anmerkung: Heute spielt Philipp Lahm sowohl als Links- als auch als Rechtsverteidiger und im Mittelfeld. Man kann also davon ausgehen, dass seine Karriere in jedem Fall und auf jeder Position erfolgreich weitergegangen wäre.)

Respekt gegenüber dem Verein

Mit elf Jahren hatte ich das Angebot von 1860 München, beim Probetraining mitzumachen. Danach habe ich mich dafür entschieden, beim FT Gern zu bleiben – dort waren meine Freunde, das war mir wichtig. Meine Eltern haben meine Entscheidungen immer respektiert, nie Druck gemacht. Es ist gut, wenn man so unterstützt wird.

Ein Jahr später kam dann das Angebot vom FCB. Der hatte mich vorher richtiggehend gelockt, ich durfte Balljunge sein im Stadion, obwohl ich noch gar nicht im Verein war. Und man stellte mir die Mannschaft vor, in der ich spielen würde, wenn ich denn käme ... Sehr clever gemacht.

Ich habe großen Respekt vor den Leuten, die beim FCB

arbeiten. Seit 1995 bin ich mittlerweile in dem Verein – es ist schön, dort Mitarbeiter zu treffen, die mich seit 20 Jahren kennen. Das ist definitiv ein Stück Heimat.

Respekt gegenüber dem Trainer

Seit 2005 habe ich mit sechs Trainern gearbeitet: Felix Magath, Ottmar Hitzfeld, Louis van Gaal, Jürgen Klinsmann, Jupp Heynckes und Pep Guardiola.

Als Erstes tastet man sich ab, lernt man sich kennen. Man ist zurückhaltend, bringt dem Trainer jedoch einen Vorschuss an Respekt entgegen. Später analysiert man dann das Fachliche, das Inhaltliche. Wenn er gut ist, dann bekommt er viel Respekt von mir.

Warum spielen manche Mannschaften wie befreit auf, sobald ein neuer Trainer kommt? Fehlte da vorher der Respekt?
Es ist notwendig, immer wieder etwas Neues zu bringen, weil dann jeder wieder wach wird, auf jeden Fall aufmerksamer als vorher.

Kann auch sein, dass die Taktik verändert wird – und schon geht es wieder besser mit dem Mannschaftsspiel. Oder dass die Spieler nach dem Wechsel wieder frei sind von irgendwelchem Druck oder Belastungen. Oder aber, dass man einfach keine Ausrede mehr hat: Der alte Trainer ist weg, auf den man immer die Schuld schieben konnte – nun stehen die Spieler selbst wieder in der Verantwortung.

Respekt innerhalb der Mannschaft

Regeln muss es geben, die der Verein, aber vor allem der Trainer absteckt. Wenn um elf Uhr Besprechung ist, kann ich nicht zwei Minuten nach elf kommen. Das ist respektlos gegenüber dem Trainer und den Mitspielern, die auf mich warten müssen.

Das Team – das sind vierundzwanzig ganz unterschiedliche Persönlichkeiten, aus verschiedenen Kulturen. Individualisten müssen da lernen, sich einzufügen. Das Gute im Fußball ist, dass wir alle ein gemeinsames Ziel haben, nämlich am Ende der Spielzeit ganz oben zu stehen. Das macht alles einfacher – ich kann mich nicht gegen die Mannschaft stellen, weil wir nur gemeinsam siegen können.

Aber zum Team gehören natürlich auch viele andere Personen – Physiotherapeuten, Fitnesstrainer, Zeugwarte –, da gehört schon etwas dazu, die alle in den Griff zu kriegen. Jeder verdient Respekt für seinen Beitrag.

Wie schaut es mit dem gegenseitigen Respekt aus, wenn es mal schlecht läuft?
Das ist mit Sicherheit nicht einfach. Wir hatten ja auch Phasen, in denen es nicht gut lief. Dann trifft der persönliche Frust eines Spielers schon einmal einen Mitspieler. Ich versuche dann zu helfen, Spannung rauszunehmen und zum Beispiel mit dem Trainer zu reden.

Aber, Frustphasen sind nicht einfach. Weil es, wie gesagt, in der Mannschaft so viele verschiedene Persönlichkeiten gibt. Zum Beispiel die Brasilianer – die haben eine ganz andere Mentalität als wir Deutschen. Die Probleme eines Teams trotzdem immer hinzubekommen ist wirklich sehr schwierig.

Gibt es einen Psychologen?
Nein. Wir hatten mal einen, aber jetzt nicht mehr. Zu einem Psychologen zu gehen, das kann einem leicht als Schwäche ausgelegt werden – und es ist in einer Fußballmannschaft nicht klug, Schwäche zu zeigen. Weil viele auch noch Eigeninteressen haben im Fußball.

Viele Spieler?
Nicht nur die Spieler, es geht auch um die Fitnesstrainer, die Physiotherapeuten ... Jeder kämpft um seine Position, jeder will unersetzbar sein. Da wird dann manchmal versucht, die Schwächephasen eines anderen auszunutzen. Man muss wissen, bei wem man Schwäche zeigen kann und bei wem auf gar keinen Fall.

Ich bin so lange im Verein, ich weiß Bescheid. Aber für junge Spieler ist das nicht so einfach. Man muss schon stark und gefestigt aus der Jugend herauskommen, um Fuß zu fassen. Nicht nur auf dem Platz – auch, um die ganzen Nebenschauplätze und Kämpfe zu durchschauen und clever genug zu sein, um damit umzugehen.

Die brauchen dann Berater.
Definitiv, aber achtzig Prozent der Berater sind da nicht hilfreich. Ich würde sagen, es gibt zwanzig Prozent, die wirklich die Interessen des Spielers vertreten, der Rest will

einfach nur Geld verdienen. Die kommen auf die 15-, 16-, 17-Jährigen zu – und für die ist es schwer, die richtige Wahl zu treffen.

Hatten Sie immer einen Berater?
Ja, und ich habe das Glück, dass ich noch immer denselben habe wie am Anfang meiner Karriere.

Respekt gegenüber dem Gegner

Zunächst einmal bringe ich jedem Gegner Respekt entgegen. Man weiß, welch einen langen Weg er hinter sich hat, bis er Profifußballer wurde. Ich habe vielleicht seine Karriere nicht verfolgt, aber ich weiß: Wenn er in der Bundesliga spielt, dann hat er viel geleistet.

Ich bin immer einer, der Respekt gegenüber den Gegnern und vor Regeln hat – ich habe noch nie im Leben eine Rote oder Gelb-Rote Karte bekommen.

Wenn man doch einmal foult, dann ist das der Schnelligkeit des Spiels geschuldet. Ich bin niemand, der tritt, um den anderen zu verletzen. Ich gehe auch nicht davon aus, dass mein Gegenüber mich absichtlich verletzen will.

Was den Respekt gegenüber dem Schiedsrichter angeht: Seine Entscheidungen muss man akzeptieren, auch wenn es nicht immer einfach ist, das lernt man von klein auf.

Und: Ich tausche nicht mit jedem mein Trikot.

Es gab einmal im Spiel eine Situation, da hatte ich das Gefühl, der Gegner verdient mein Trikot nicht. Ich weiß nicht mehr, ob derjenige mich gefoult hatte oder mit mir diskutieren wollte ... Auf jeden Fall hat er eine Verhaltensweise an den Tag gelegt, die mir nicht gefallen hat. Er brachte mir keinen Respekt entgegen. Hinterher kam er und wollte mein Trikot haben, und ich habe Nein gesagt.

Wie verhielt es sich denn mit dem Respekt beim 7:1 gegen den Gastgeber bei der WM 2014 in Brasilien?
Das war DAS Thema bei uns in der Pause in der Kabine. Wir waren mit 5:0 in die Halbzeit gegangen – im Gastgeberland! Vor ausverkauftem Haus! Wie geht man weiter damit um? O.k., haben wir beschlossen, wir spielen genauso weiter wie in der ersten Halbzeit. Konzentriert, fair, wir versuchen nicht, den Gegner durch Hackentricks oder was auch immer lächerlich zu machen. Wir bringen dem Gegner und den Fans Respekt entgegen, indem wir normal unser Spiel weiterspielen. Das war die Marschroute für die zweite Halbzeit.

Kein Mitleid?
Nein, das gibt es unter Spielern im Fußball nicht. Aber man muss sich dennoch überlegen, wie man mit dieser Situation umgeht.

Viele Brasilianer haben nach dem Spiel gesagt: Respekt vor der deutschen Mannschaft. Es gab keine Aggressionen – man hat uns vielmehr Glück gewünscht. Und den Auftrag gegeben, den brasilianischen Erzrivalen Argentinien zu besiegen!

Unsere Mannschaft hat großen Respekt gezeigt damals – dem Land gegenüber, den Gegnern und den Fans.

Wir haben auch damals gefeiert nach dem Sieg – aber nicht so extrem wie sonst. Wir Bayernspieler sind zu Dante gegangen – das war vielleicht die einzige Art von »Mitleid«, das wir empfunden haben. Denn wir spielen seit Jahren mit ihm, er hatte sein einziges WM-Spiel mitgespielt und so viele Tore kassiert ... Das war irgendwie »schade«.

Respekt vor den Fans

Ich habe großen Respekt vor den Fans, vor allem vor denjenigen, die überall mitfahren, überall dabei sind, die die Mannschaft immer unterstützen, viel Geld dafür ausgeben, den Verein in ihrem Herzen tragen – das ist nicht selbstverständlich! Für uns schön, denn für die richtige Atmosphäre während des Spiels können nur diese Fans sorgen. Und weil sie sich so engagieren und so viel investieren, haben sie durchaus auch mal das Recht zur Kritik.

Nach dem Spiel in der Allianz Arena gehen wir zu beiden Kurven, in denen unsere Fans sitzen, um Danke zu sagen. Eine Geste des Respekts.

Aber besonders schön ist es, auswärts zu gewinnen! Dann ist da ein geschlossener Block mit unseren Fans, die über ganze neunzig Minuten gesungen und uns unterstützt haben.

Ich habe mich noch nie von Fans gestört gefühlt. Wenn ich mit der Familie essen gehe, lässt man uns in Ruhe, die Fans haben ein Gespür für Privatsphäre.

Und wenn jemand Selfies mit mir machen will – kein Problem.

Was mich jedoch ärgert: Wenn man einfach, ohne zu fragen, Fotos macht – das ist respektlos.

Bilanz

Ich bin glücklich, wie es jetzt läuft. Aber ich bin auch glücklich, dass ich die »alte Zeit« noch miterlebt habe, die Generation mit zum Beispiel Oliver Kahn und Stefan Effenberg. Das waren schon noch ganz andere Typen.

Ich habe mich oft mit Basti (Schweinsteiger) darüber unterhalten, der sagte auch, schön, dass wir das noch erleben durften.

Ohne jetzt bewerten zu wollen, was besser oder schlechter ist, jetzt oder damals – es war halt eine andere Zeit.

Es hat noch mehr gebraucht, sich durchzukämpfen, wir mussten früher mehr die »Ellenbogen« ausfahren.

Heute kommen die jungen Spieler aus einer Akademie oder einem Internat, sind super ausgebildet, was fußballerisch sicher von Vorteil ist. Es ist für sie eigentlich viel einfacher hochzukommen.

Früher war es normal, dass wir Jungen die Bälle und die Tore getragen haben, keiner von den etablierten Spielern hat mit uns geredet. Und wenn man dann mal auf der Massagebank lag, weil man eine Verletzung hatte, wurde man weggescheucht, wenn die »Großen« kamen. Aber rückblickend muss ich sagen, diese Erfahrungen haben dafür gesorgt, dass ich oft einen anderen Blickwinkel habe als die jungen Spieler heute. Für mich war es immer etwas Besonderes, überhaupt dabei sein zu dürfen. Auch wenn man manchmal kritisiert, um nicht zu sagen: zusammengeschissen wurde. Ich habe heute noch kein Problem damit, Bälle zusammenzusuchen und mit in die Kabine zu nehmen, wenn ich der Letzte auf dem Platz bin. Bei Basti war das genauso.

Heute beschweren sich junge Spieler, dass sie keine Wertschätzung bekommen. Dann sage ich, Entschuldigung, deine Wertschätzung ist, dass du hier überhaupt mitmachen darfst.

Respekt heute – was hat sich geändert?

Respektforscher sprechen von einer Begriffsverschiebung in unserem Wertesystem: »Jugendlichen sind heute andere Dinge wichtig als ihren Eltern und Großeltern.« Während viele Ältere Respekt mit Gehorsam oder Höflichkeit gleichsetzen, betrachten die Jüngeren Respekt als etwas, was man sich erst verdienen muss. Oder was unabhängig vom Alter oder Status eingefordert werden kann.

Der formelle Umgang miteinander und die sozialisierten Rituale haben an Bedeutung verloren, die neuen Kommunikationsformen außerdem ganz ungewohnte Formen von Respekt (und Respektlosigkeit) hervorgebracht.

Wenn Missverständnisse vermieden werden sollen, ist Umdenken angesagt – bei den Jugendlichen ebenso wie bei den Erwachsenen.

Dr. Tilman Eckloff, Teil II: Respekt heute

Der Respektforscher

»Die Jugend hat keinen Respekt vor dem Alter«, hieß es schon vor 2400 Jahren bei Aristoteles

Ein Interview mit Dr. Tilman Eckloff

Gab es früher mehr Respekt?

Jede Generation redet sich offenbar ein, dass der Respekt in der Gesellschaft verloren gegangen sei. Schon der griechische Philosoph Sokrates beklagte sich vor 2400 Jahren bitter über mangelnde Wertschätzung: »Die Jugend liebt heutzutage den Luxus. Sie hat schlechte Manieren, verachtet die Autorität, hat keinen Respekt vor älteren Leuten und schwatzt, wo sie arbeiten sollte. Die jungen Leute stehen nicht mehr auf, wenn Ältere das Zimmer betreten. Sie widersprechen ihren Eltern, schwadronieren in Gesellschaft, verschlingen bei Tisch die Süßspeisen, legen die Beine übereinander und tyrannisieren ihre Lehrer.«

Auf Facebook und YouTube ist inzwischen oft nach ein paar wenigen Klicks offensichtlich, was für eine Art Mensch der Vorgesetzte, Politiker oder Professor ist. Wer heute sein Amt nicht mit persönlich verdientem Respekt ausfüllen kann, der wird bald merken, dass ihn sein Status nicht lange schützt. Heute gibt es nur noch wenig durch die Position garantierten Respekt – Anerkennung muss man sich verdienen. Junge Menschen sind mittlerweile viel weniger bereit, Normen anzuerkennen, nur weil diese schon immer da waren. Das ist unbequem für die ältere Generation und zwingt sie zur Verhandlungsbereitschaft, aber das ist nicht (mehr) zu ändern und kann auch als wünschenswerte Entwicklung hin zu mehr gelebter Gleichwertigkeit zwischen den Menschen interpretiert werden.

Im Laufe der Jahrhunderte gab es immer wieder Phasen, in denen Stabilität herrschte, und Phasen, in denen Veränderungen stattfanden. In Zeiten des Umbruchs wurden festgelegte gesellschaftliche Normen infrage gestellt und neu ausgehandelt – so wie es auch momentan der Fall ist.

Respekt heute – was genau ist anders als früher?
Unsere Gesellschaft ist – durch Migration, neue Medien und stärkere Vernetzung in sozialen Communities – komplexer geworden in den letzten Jahrzehnten. Es gibt mehr Vielfalt in unseren Schulen, an unseren Arbeitsplätzen, im Kindergarten, auf der Straße und in den zahlreichen Patchwork-Familien. Früher waren »die anderen« tatsächlich woanders oder zumindest weniger sichtbar. Man hatte davon gehört, dass es beispielsweise Schwule, Reiche, Mormonen, Obdachlose, Hipster, Tätowierte, Vegetarier oder Menschen mit anderen Hautfarben gab. Aber direkt in Berührung mit der Andersartigkeit all dieser Menschen kam man nur selten. Heute ist man davon immer nur einen Klick entfernt, und auch real auf der Straße, beim Job und in der Freizeit ist die Begegnung mit einer größeren Vielfalt menschlicher Ausdrucksformen sehr viel normaler geworden. Die Welt ist zusammengerückt.

Wenn Menschen unterschiedliche Erfahrungshintergründe haben und auf diese Weise unterschiedliche Prägungen erfahren haben, werden sie sich in konkreten Situationen auch unterschiedlich verhalten. Selbst wenn sie vielleicht in wichtigen Grundwerten übereinstimmen mögen (Verwirklichung der eigenen Träume, Aufrichtigkeit, Anteilnahme usw.), werden sie sich in konkreten Situationen oft sehr unterschiedlich verhalten. Was beispielsweise für den einen ein Ausdruck von warmer Anteilnahme ist, wird vom anderen als Übergriff empfunden.

Die Konflikte, die durch solche Unterschiedlichkeiten entstehen, sind häufiger geworden. Um sie zu bewältigen, brauchen wir Respekt.

Menschen benehmen sich heute nicht schlechter als früher, es stimmt nicht, dass sie den Respekt voreinander verloren haben. Was sich geändert hat, ist das Empfinden dafür, was respektvoll ist.

Früher zahlte selbstverständlich der Mann im Restaurant, heute empfinden es viele Frauen als unhöflich, wenn sie nicht zumindest vorher gefragt werden – das ist für sie eine Frage der Gleichberechtigung. Früher war es beispielsweise klar, dass ein Schüler machte, was der Lehrer sagte – einfach, weil es der Lehrer war. Heute muss sich der Lehrer den Respekt erst verdienen, damit die Schüler auch folgen. Früher galt es als unhöflich, wenn ein Jüngerer oder Statusniedrigerer seine Meinung gleichberechtigt in eine Diskussion einbrachte. Heute wird das von vielen nicht mehr als Zeichen mangelnden Respekts interpretiert, sondern als Mündigkeit wertgeschätzt.

Einer der Gründe, warum Menschen sich heute anders benehmen als früher, ist die Reizüberflutung – die unglaubliche Menge an neuen Eindrücken, die täglich vor allem durch das Internet auf sie niederprasselt. Mit dem Versuch, unser tägliches Leben dennoch so effizient wie möglich zu gestalten, gehen viele der früher selbstverständlichen Höflichkeiten verloren – dass man zum Beispiel in der U-Bahn mit dem Nachbarn ein paar Worte spricht oder auf der Straße grüßt. Heute empfindet man es vielmehr (zumindest in Großstädten) als höflich, wenn man den anderen in Ruhe und jedem in unserer turbulenten Welt seinen eigenen kleinen Bereich lässt. Auch wird es inzwischen von den meisten als selbstverständlich, von manchen aber nach wie vor als unhöflich empfunden, wenn man sich nicht die Zeit nimmt, einen Brief zum Geburtstag zu schreiben oder ein Geschenk selbst zu verpacken, sondern die CD, das Buch, die DVD über Amazon zuschicken lässt oder einfach nur auf Facebook oder per SMS gratuliert.

Das Problem dabei ist, dass man heute nicht mehr davon ausgehen kann, dass der andere dieselben Vorstellungen von Höflichkeit hat. Hier ist dann der Respekt gefragt: Beide Seiten sollten anerkennen, dass der andere das gleiche Recht hat, die Dinge anders zu sehen, und nicht darauf beharren, dass die eigene Überzeugung richtig und die andere falsch ist. Respektloses Verhalten macht das Leben schwerer – respektvolles Verhalten dagegen schafft Freiheit auch für mich selbst: Indem ich andere achte, werde auch ich geachtet.

Unhöflichkeit, Unverbindlichkeit – wo bleibt der Respekt?
Was momentan am meisten für Konflikte sorgt und als grobe Unhöflichkeit ausgelegt wird, quer durch alle Altersklassen, ist die Unzuverlässigkeit, die sich aufgrund der neuen Kommunikationsmittel ergibt. Immer mehr Menschen sind miteinander vernetzt, die Formen des Miteinander-Umgehens ändern sich, aber kaum jemand ist darin geübt, mit dem anderen klare Kommunikationsstrategien auszuhandeln. Dauernd kommt es zu Missverständnissen und Streitigkeiten.

Ein Beispiel: Früher verabredete man sich zu einem bestimmten Zeitpunkt an einem bestimmten Ort, und es war höflich, pünktlich dort zu erscheinen. Heute hat man die Möglichkeiten, den Partner über Handy, SMS, WhatsApp oder E-Mail kurzfristig zu erreichen, um den Termin noch einmal zu diskutieren, zu verschieben oder einfach abzusagen. Derjenige, der das nicht gewöhnt ist, empfindet dieses Verhalten als im günstigsten Fall unverbindlich und im schlimmsten Fall als grob unhöflich. Er fühlt sich nicht wichtig genommen und reagiert gekränkt. Das sieht sein Gegenüber, das mit den neuen Medien lebt, ganz anders: Dieser Mensch erkennt die großen Vorteile, die sich ihm bieten, wenn er flexibel sein und sich schnell auf veränderte Situationen einstellen kann. Er kann in seinem schnelllebigen Umfeld die vielfältigen Optionen nutzen und verliert so den Anschluss nicht. Der Konflikt zwischen den beiden ist vorprogrammiert.

Ein anderes Beispiel: Durch die neuen Medien geht viel Privatsphäre verloren – im Netz kann man jederzeit an dem

Leben des anderen teilnehmen, ihn schnell erreichen, Nachrichten hinterlassen. Umso kränkender, wenn auf meinen Anruf oder meine Nachricht nicht geantwortet wird, obwohl der andere doch offensichtlich online ist und das Handy zwei blaue Häkchen oder »zugestellt« meldet. Ist das nicht eine grobe Respektlosigkeit? Das sehe ich nicht so. Ich denke, wir alle müssen lernen, auf diesen Gebieten »wahrhaftiger« miteinander umzugehen. Ein »warmes« Nein auszusprechen: Hör zu, du bist mir wichtig, aber ich muss vor unserer Verabredung noch schnell ein auch nicht unwichtiges Gespräch führen – lass uns bitte später treffen, passt das für dich? Oder: Ich konnte vorhin nicht zurückrufen, weil ich keine Zeit hatte. Oder weil ich gestern einfach keine Lust zum Reden hatte.

Wir neigen in solchen Situationen dazu, immer etwas vorzuschieben, was »ach so wichtig« war. Aber genau das erzeugt bei dem anderen oft das Gefühl, nicht respektiert zu werden. Wenn man ehrlich sagt, dass man keine Lust zum Reden hatte, ist man für den Ärger des anderen adressierbar. Man signalisiert: Du bist es mir wert, dass ich dich nicht mit Ausreden abspeise, sondern ehrlich sage, was mit mir los ist. Das kann als respektvoll empfunden werden.

An diese neue Art der Ehrlichkeit müssen sich die Menschen gewöhnen. Ich persönlich bin davon überzeugt, dass die Entwicklungen, die durch die neuen Kommunikationsplattformen entstanden sind, nicht mehr rückgängig zu machen sind. Dementsprechend braucht es aber auch neue Diskussionen darüber, welches Verhalten akzeptabel ist und wo Grenzen gesetzt werden sollten. Dass das eigene

Verhalten in sozialen Netzwerken Konsequenzen hat, wird zunehmend deutlich. Beispielsweise auf Facebook, wo ich zumindest in meinem Freundeskreis immer wieder beobachte, dass postwendend Protest kommt, sobald jemand etwas Schlechtes über Dritte postet. Es ist eine Art Erziehung der Freunde untereinander – zumindest in heterogenen Freundeskreisen. Auch gibt es immer häufiger Berichte über andere reale Konsequenzen bei diffamierenden Äußerungen in sozialen Netzwerken, wie beispielsweise die sofort nach dem Mobbing folgende fristlose Kündigung des Verfassers durch den Arbeitgeber.

Trotzdem gibt es gerade in sehr großen oder anonymen sozialen Netzwerken die Gefahr des Aufschaukelns rassistischer, sexistischer, homophober oder anderweitig diffamierender Äußerungen. Hier steht das Recht auf freie Meinungsäußerung gegen den gesetzlich verankerten Schutz von Minderheiten. Ein gesellschaftlicher Dialog ist nötig: Er muss sich damit beschäftigten, welche Regulierungen durch wen getroffen werden sollen, um sicherzustellen, dass bei der Aushandlung dessen, was akzeptabel ist, der gegenseitige Respekt gewahrt bleibt. Das ist keine triviale Aufgabe, und diese Entwicklung wird auch nie abgeschlossen sein, denn die Welt verändert sich und es braucht Zeit, Übung und die Bereitschaft, immer wieder neu miteinander in den Dialog zu treten.

Respekt in der Liebe

Man trifft sich auf einer Party oder in einem Meeting, man findet sich sympathisch, man tauscht Namen und Adressen – so weit, so gut, so war es schon immer. Aber was dann folgt, ist neu: Heimgekehrt, schaut man in den Social Communities nach, ob alles stimmt, was man soeben gehört hat, welche und wie viele Freunde der/die Neue hat, was er/sie postet, welche Musik er/sie hört, ob er/sie politische Ansichten ins Netz stellt, und wenn ja, welche. Und dann entscheidet man, ob es weitergehen soll – oder vielleicht doch besser nicht. Muss ja nicht unbedingt sofort sein, das Internet ist voller Überraschungen, vielleicht kommt ja morgen schon jemand Neues, Besseres ...

Es gibt positive und negative Beispiele dafür, dass sich der Prozess des Sich-Näherkommens geändert hat. Tatsächlich ist es heute leichter geworden, Kontakte zu finden und zu halten – per Smartphone, Social Communities, Partnerbörsen. Aber wie schwierig ist es zum Beispiel, aus einer ausgefeilt formulierten WhatsApp die liebevolle Botschaft herauszulesen, die in einem persönlichen Gespräch offensichtlich gewesen wäre! Zumal es für viele Singles offenbar ein Problem geworden ist, sich in ihrer Verletzlichkeit zu offenbaren – vorsichtige Distanz erspart Enttäuschungen.

Wie sieht die romantische Liebe heute aus? Welche Rolle

spielt der Respekt, wenn Gefühle gar nicht erst kommuniziert werden?

- Ein Gespräch mit einer Single-Frau über ihre Partnersuche im Internet
- Und ein Interview mit dem Paartherapeuten Tobias von der Recke, dem Leiter des Münchner Instituts für systemische Weiterbildung (MISW), über die Basis einer glücklichen Beziehung

Die junge Frau

Über die Liebe und das Flirten in Zeiten des Internets

Ein Gespräch mit Katharina M.

Partnerbörse im Internet: In Deutschland suchen etwa sieben Millionen Singles in Dating-Portalen entweder nach einer langfristigen Beziehung, nach schnellem Sex oder nach irgendetwas dazwischen. Neun Millionen Deutsche leben mittlerweile mit jemandem zusammen, den sie online kennengelernt haben.

Die Berlinerin Katharina M. meldete sich 2011 zum ersten Mal bei einer Singlebörse an; über ihre Erfahrungen berichtet sie souverän, selbstkritisch und mit Humor. Katharina ist dreiundvierzig Jahre alt, Institutssekretärin an der Universität und alleinerziehende Mutter eines 14-jährigen Sohnes. Sie sieht sehr gut aus – lange braune Haare, ein ovales Gesicht mit ebenmäßigen Zügen –, ist groß, sehr schlank und hat ein ansteckendes Lachen. In welchen Partnerbörsen ist sie inzwischen angemeldet? »In keiner mehr. Überall abgemeldet.« Sie amüsiert sich über die verblüffte Reaktion auf diese Auskunft. »Ich habe jemanden kennengelernt.« Happy End?! »Jetzt warten wir erst einmal ab.« Katharina ist vorsichtig. Aus Erfahrung.

»Den Vater meines Sohnes habe ich beim Tanzen kennengelernt – das war offenbar nicht der richtige Ort.« Sie
lacht. »Es hat ja auch nicht gehalten. 2011 habe ich dann mit
›Finya‹ und später mit ›FriendScout‹ angefangen, das sind
kostenlose Dating-Portale. Eine Freundin hat mir gesagt,
mach das doch auch, sie hatte dort gerade jemanden kennengelernt. Ich war bis dahin immer skeptisch gewesen, aber
andererseits: Verabredungen zu haben und zu schauen, ob
sich etwas daraus entwickelt – warum nicht? Ich dachte, es
sei vielleicht ein gutes Medium, um Kontakte zu knüpfen.
Denn wie oft wird man schon in der U-Bahn zum Kaffee ein-
geladen? Ich nie, wenn ich ehrlich bin. Und beim Sport oder
Tanzen ist es auch schwierig.

Eigentlich habe ich zunächst nicht ernsthaft daran
geglaubt, einen Partner im Internet zu finden. Mir war schon
klar, dass ich die Erwartungen niedrig schrauben sollte und
dass ich an dubiose Typen geraten könnte. Aber ich hatte
diese Grundhoffnung: Wenn ich als ›guter Mensch‹ in dieser
Partnerbörse bin – warum sollte sich nicht auch ein anderer
›guter Mensch‹ dorthin verirren?

Ich habe also ein Profil angelegt und mir viel Mühe damit
gegeben: Was ist mein Lieblingsessen, wie sieht mein perfek-
ter Urlaub aus, wie wichtig sind die Freunde ... Profile sind
erst aussagekräftig, wenn die Leute nicht nur ein Bild hinein-
stellen, sondern auch über sich schreiben. Meine Suche hatte
ich auf Berlin eingeschränkt.

Es kamen dann, das ist eigentlich immer so, Antworten
ganz unterschiedlicher Art. Zum Beispiel: ›Hallo, schöne
Frau!‹ – was ich immer gleich wegklicke. Womit wir zum

ersten Mal beim Thema Respekt wären: Warum habe ich diesem Typen nicht geantwortet? Das war natürlich meinerseits nicht sehr respektvoll. Aber der andere hatte mir ja auch wenig Respekt entgegengebracht! Nur solche abgedroschenen Floskeln oder ein lässiges ›Hi‹ mit einem Smiley – auf so etwas muss ich nicht reagieren. Was soll ich auf ein Hi mit einem Smiley antworten?

Natürlich, wenn sich jemand mehr Mühe gemacht und ein paar freundliche Sätze geschrieben hat, dann kann ich mir schon überlegen, ob ich antworte. Meistens habe ich auf nette Nachrichten reagiert, manchmal aber auch nicht. Dann nicht, wenn ich sofort sah, dass das nicht mein Typ ist. Einige Männer haben dann noch einmal geschrieben und sich beschwert: ›Nicht mal ein Danke für meine lange Nachricht, ich hätte mir wenigstens erhofft, dass du eine kleine Rückmeldung schickst!‹ So etwas ist mehrmals passiert, und dann habe ich mir schon gedacht: Eigentlich war das tatsächlich respektlos von mir. Zwar bin ich nicht verpflichtet, ihm zu antworten, aber es ist auch keine nette Vorgehensweise, ihn, selbst wenn er nicht mein Typ ist, so ins Leere laufen zu lassen. Die Situation wäre vielleicht anders verlaufen, wenn wir uns verabredet und gegenübergesessen hätten. Dann hätte man ihm gesagt, danke, es war ein netter Abend, aber leider nein … Wäre das dann weniger verletzend gewesen?

Andersrum ist es manchmal aber auch passiert, dass ich nett geantwortet habe und keine Reaktion bekam. Dann fragst du dich: Was ist das jetzt? Warum antwortet der nicht? Das ist nicht schön.

Was dabei eine Rolle spielt, ist diese Anonymität im Netz.

Man hat nicht mehr als ein Bild und ein paar Infos, das verführt dazu, dass es einem egal ist, was der andere fühlt.

Ich habe von Freundinnen gehört und auch selbst erlebt, dass für manche Männer die Internet-Geschichte nur eine Ablenkung ist. Weil sie noch in einer anderen Beziehung waren und damit Stress hatten. Oder weil sie einfach nur neugierig waren. Jedenfalls stand nicht der ernsthafte Wunsch im Vordergrund, eine Partnerin zu suchen, sondern es steckten ganz andere Gründe dahinter.

Das ist aber offenbar kein geschlechterspezifisches Verhalten. Ich habe mal auf einer Bewertungsseite von ›Finya‹ die Bemerkungen eines Mannes gelesen, der total verärgert war, weil er offenbar nur schlechte Erfahrungen gemacht hatte. Er schrieb, er treffe immer nur auf drei Frauentypen:

Die einen hätten ein starkes Geltungsbedürfnis, wollten nur Komplimente bekommen und damit ihr Ego aufbauen.

Die zweiten wären einsam und gelangweilt und suchten nur jemanden, dem sie erzählen könnten, dass ihnen heute beim Einkaufen zum Beispiel die Milchtüte heruntergefallen sei.

Und die dritten seien Sammlerinnen, die nur mit ihren Telefonnummern angeben wollten: ›Heute Abend könnte ich fünf anrufen, wenn ich wollte.‹ Der Typ war wirklich sehr frustriert.

Es gibt auch Frauen, die Angst haben, zum Sexobjekt degradiert zu werden, wenn sie sich in einer Partnerbörse anmelden. So in dem Stil: Ach, die Männer wollen wahrscheinlich doch alle nur das eine! Dazu habe ich eine klare Meinung: Man muss ja nicht mitmachen. Wenn ich will, dann treffe ich ihn, wenn nicht, dann nicht. So etwas wie: ›Was machst du heute Abend? Noch Bock auf Sex?‹ beantworte ich gar nicht. Ich habe aber auch andererseits von Männern gehört, dass sie von Frauen eindeutige Anfragen bekamen. Von der Frau, die im Sommerkleidchen ankam und gleich darauf hinwies, dass sie nichts darunter trage ...

›Finya‹ und ›FriendScout‹ sind, wie gesagt, kostenfreie Portale. Ich hatte mir zwischendurch einmal überlegt, ob es Sinn machen würde, sich kostenpflichtig anzumelden – bei ›Parship‹ zum Beispiel, was allerdings ganz schön teuer ist. Meine Überlegung war: Wenn ich etwas wirklich ernst meine, dann bin ich auch bereit, dafür zu zahlen. Dann würde man vielleicht automatisch an Leute geraten, die sich sagen, das Ganze ist mir auch etwas wert, und den potenziellen Partnern mehr Respekt zeigen.

Ich war einmal bei ›Elite‹ angemeldet, das kostete etwas, war aber nicht so teuer wie ›Parship‹. ›Elite‹ wirbt ja damit, dass jedes Mitglied auf Seriosität überprüft wird, aber das habe ich nicht so empfunden. Vielleicht hatte ich aber auch nur Pech. Ich bin mehrmals auf ganz merkwürdige Art angeschrieben worden, so in dem Stil ›Werte Dame‹, alles sehr schwülstig ... Mag sein, dass das alles ein Zufall war, aber: Nein, dort lief es gar nicht.

Aber zurück zu ›Finya‹ und meinen ersten Erfahrungen, damals im Jahr 2011. Ich habe dann tatsächlich auch jemanden getroffen, in einem Café ganz in meiner Nähe. Es war ein vernünftiger Mann, ein netter Abend ... Aber es war bald vorbei.

Ich weiß nicht, ob man das verallgemeinern kann, aber es

ist doch meistens so: Man trifft sich, und beide Seiten haben ernsthafte Sehnsüchte, nach Partnerschaft, nach Ankommen, nach Familie – nach dem, was viele das kleine Glück nennen. Mit diesem Mann wurde es ganz schnell extrem eng, der hat mir schon nach drei Monaten einen Heiratsantrag gemacht. Er hat gesagt, er will mich. Und vier Wochen später hat er dann Schluss gemacht.

Er hat mich damit sehr getroffen, ich habe lange gebraucht, um das zu verkraften. Ich hatte damals den Heiratsantrag angenommen, ich hatte gerade gedacht, das kleine Glück gefunden zu haben.

Ich weiß nicht, was die Gründe für sein Schlussmachen waren. Gesagt hat er, er hätte etwas gewollt, von dem er festgestellt habe, dass er es selbst nicht leisten könne. Auch finanziell sei er noch nicht so weit, er sei in einer schwierigen Situation. Dabei hatte er bei unseren Treffen immer heraushängen lassen, dass er Geld hatte – Wein, Essen, immer vom Feinsten. Außerdem sagte er, er brauche mehr Zeit für sich, für Sport und so ... Ach, ich weiß nicht, es war alles völlig daneben.

Er hat per E-Mail mit mir Schluss gemacht. Nicht mal persönlich. Das ist respektlos. Die Mail hatte er auch noch an meine Arbeitsadresse geschickt: Er möchte mir sagen, dass es vorbei sei und dass es ihm leidtue. Ich habe dann natürlich sofort reagiert: ›Ich muss mit dir reden! ‹ Einmal treffen, dazu war er immerhin noch bereit. Aber es hat nichts gebracht. Ein Jahr später habe ich ihn bei ›Finya‹ wiederentdeckt, er war immer noch am Suchen. Oder was auch immer.

Manchmal geht es viel, viel zu schnell. Das sehe ich auch

bei meinen Freundinnen. Man projiziert Wünsche in den anderen hinein, man kennt ihn gar nicht, es geht von null auf hundert, aber man denkt: Der könnte es sein. Diese Haltung ›Wir machen das jetzt!‹ ist ja einerseits schön und mutig ... Aber es ist besser, wenn man sich langsamer kennenlernt.

Eine Freundin zum Beispiel hat vor drei Wochen übers Internet jemanden kennengelernt. Er hat ihr bis heute schon gesagt: Du bist die Frau meines Lebens, du sollst die Frau an meiner Seite sein, du wirst nie wieder allein in Urlaub fahren, ich werde alles für uns zahlen, ich will dich heiraten ... Das sind erwachsene Menschen! Mir ist es ja damals, bei dem ›Mann von 2011‹ auch passiert, dass ich gesagt habe: Ja, dann heiraten wir – aber doch nicht nach nur drei Wochen! So schnell entscheiden sich ja viele nicht einmal für ein Auto! Meine Freundin aber sagt: Der ist es, es ist Liebe! Ich selbst habe immer gedacht, ich könne das erkennen, ob jemand Egomane ist oder respektvoll. Aber in der ersten Zeit ist man ja oft blind vor Liebe, man sieht gar nichts mehr. Es bleibt dann so vieles im Verborgenen, man kennt ja keine Vorgeschichten. Aber es gibt den großen Wunsch, zusammen zu sein, plötzlich scheint alles zu passen, auch optisch ...

Und noch etwas: Ich habe ja ein Kind, das man nicht zu früh in eine neue Liebe einbeziehen sollte. Aber das ist in der Praxis kaum zu realisieren – wie denn auch, wenn man sich abends treffen will oder an den Wochenenden? Dieser ›Mann von 2011‹ hat sich damals große Mühe gegeben, meinen Sohn kennenzulernen. Er hatte auch einen Hund, auf den sich mein Kind schon immer freute ... Mein Sohn hat nach dem Ende der Beziehung dann auch gelitten, zum Teil aus Mitgefühl, weil seine Mama traurig war, zum Teil, weil er selbst sehr enttäuscht war.

Nach dieser Geschichte, die ich als extrem respektlos empfand, saß ich zwei Jahre im Loch, ich hatte die Nase voll. Nur manchmal habe ich mich in dieser Zeit aus Langeweile noch abends angemeldet. Man sitzt vor dem Fernseher, und dann macht es Bing, und es kommt eine Nachricht ... Ich war damals gar nicht bereit für eine neue Partnerschaft, aber trotzdem schaute ich bei ›Finya‹ oder ›FriendScout‹ hinein und antwortete – das war auch nicht gerade respektvoll, ich weiß. Getroffen habe ich damals niemanden, nur geschrieben. Es waren dort übrigens oft immer noch dieselben Leute unterwegs.

Irgendwann ging es mir dann wieder besser, und ich konnte mir wieder vorstellen, jemanden zu treffen. Die Dates waren nicht so toll. Eher schleppend. Wenn ich ins Restaurant oder Café kam und mein Date sah, habe ich oft gedacht, ach nein ... Viele lügen und schicken Fotos, die gar nicht mit der Realität übereinstimmen. Dann meint man, der Typ hätte seinen Großvater geschickt.

Es gibt viele Geschichten über Respektlosigkeiten in Partnerbörsen – man kann es manchmal gar nicht glauben. Eine Bekannte fand über ›FriendScout‹ einen Mann; sie musste morgens früh zur Arbeit, er hatte bei ihr übernachtet und blieb im Bett. Sie war glücklich, alles sah nach einer guten Partnerschaft aus. Was der Typ jedoch machte: Er suchte über ›FriendScout‹ weiter! Er lag in ihrem Bett und chattete mit anderen! Pech für ihn, dass er an eine Freundin von ihr geriet.

Was einer anderen Freundin passiert ist: Es gehört sich doch wohl, selbst wenn man enttäuscht ist, das bestellte Getränk auszutrinken – so viel Höflichkeit sollte sein. Aber ihr Date hat seinen Kaffee einfach stehen lassen, hat gesagt, du bist es nicht, und ist gegangen. Diese Freundin ist eine attraktive Frau – aber sie sagte danach zu mir: Wenn mir das mehrfach passiert, wenn der dritte Typ, irgendwo aus der Provinz, sagt, du bist es nicht – dann fängst du tatsächlich an, an dir zu zweifeln.

Wenn man so etwas hört oder selbst erlebt, ist man natürlich darauf vorbereitet, dass man verletzt werden könnte. Man wird misstrauisch. Für eine neue Beziehung ist es jedoch überhaupt nicht förderlich, wenn man dauernd auf der Hut ist und sich denkt, na ja, das wird ja wahrscheinlich doch wieder nichts. Das wird dann zur selffulfilling prophecy, dann wird tatsächlich nichts daraus.

Durch das Internet meinst du, unbegrenzte Möglichkeiten der Partnerwahl zu haben. Wenn es mit dem einen nicht geht, so what? Dann meldest du dich wieder an, irgendwann kommt schon der Passende. Ich habe mal gelesen: Drei Monate ist der Schnitt für die Dauer einer Internetbeziehung, alles, was danach kommt, ist schon etwas Besonderes.

›Es passt nicht, tut mir leid‹: Es ist ja richtig, wenn man das sagt, sobald man merkt, die Beziehung hat keine Zukunft. Oft ist es aber so, dass man gar keine Chance hat, über persönliche Dinge zu sprechen. Viele Menschen sind gar nicht mehr bereit, auch nur über die kleinsten Diskrepanzen zu reden; allein das Ansinnen bringt sie dazu abzubrechen. Sie melden sich dann einfach wieder an in der Singlebörse und fangen wieder neu an. Nicht an einer Beziehung arbeiten, keine Suche nach einem gemeinsamen Weg. Sobald es nur ein wenig schwieriger wird, sind sie weg.

Ich persönlich will auch Spaß – wer will schon dauernd Probleme! Aber es ist nicht realistisch zu denken, dass das Leben immer nur Spaß ist. Diese Haltung ›Ich will eine schöne Zeit‹ und mehr nicht – nichts für mich. Ich darf schon erwarten, dass der Partner mich respektiert, mich mit all meinen Facetten und Bedürfnissen annimmt und nicht nur für eine ›schöne Zeit‹.

Zu der mobilen Dating-App ›Tinder‹ bin ich wieder einmal über eine Freundin gekommen. Sie war gerade von irgendeinem Typen abgewiesen worden und in der Stimmung: ›So, jetzt zeig ich es den Männern mal.‹ Sie meldete sich bei Tinder an, verabredete sich mit einem sehr Gutaussehenden und gab dem dann einen richtig feinen Korb. Rache pur, nicht respektvoll, nicht in Ordnung. Und danach kam sie zu mir und sagte, schau doch mal, das ist richtig lustig.

Ich finde diese App nicht schlecht. Du bekommst nur Fotos, mehr nicht. Diese Fotos ziehst du auf die Negativ-Seite (kein Interesse) oder die Positiv-Seite (Interesse). Erst wenn beide Seiten das Foto positiv bewerten, dann kannst du Kontakt aufnehmen. Erst habe ich gedacht, das sei doof, aber es ist gar nicht so schlecht. Du schaust ja auch in der Realität erst auf das Äußere einer Person und denkst dir, der gefällt mir, andere Typen guckst du doch gar nicht erst an. Wahrscheinlich klickt man bei Tinder viele ganz tolle Menschen weg, die das nicht verdient haben, aber das ist im wirklichen Leben wahrscheinlich auch so. Wenn du auf große, schlanke

Typen stehst, dann flirtest du ja auch nicht mit dem kleinen, rundlichen Mann an der Bar.

Mein erstes Tinder-Date war gleich ein Volltreffer. Seine Fotos waren vor allem Reisebilder – nicht Pool mit Cocktail, sondern Bilder aus den Bergen, vom Skifahren. Ein aktiver Mann, der viel reist – das gefiel mir. Ich habe seine Fotos auf die richtige Seite gezogen, und dann kam auch schnell seine Antwort: ›Hallo, Frau Nachbarin‹. Du kannst ja den Radius bei Tinder eingrenzen, er wohnte nur einen Kilometer von mir entfernt. Wir verabredeten uns für eine Woche später und haben uns in den folgenden Tagen immer wieder geschrieben, über WhatsApp.

Man kann ja übers Handy ganz schnell Nähe herstellen: Man kann immer schreiben, immer Bilder schicken, manchmal schreibt man etwas schneller, als dass man es sagt ... Eine extreme, trügerische Nähe wird aufgebaut. Und dann kommen plötzlich die Zweifel. Plötzlich die Gedanken: Heute hat er sich noch nicht gemeldet, was ist los? Und dann schaut man nach, und der andere ist online, aber schreibt oder antwortet nicht – was macht der eigentlich? Das ist alles ganz schön schwierig. Ich aber finde es auch wichtig, wenn mal Stille herrscht, wenn es auch mal einen Tag gibt, an dem man nichts voneinander hört.

Bei meinem Tinder-Mann kamen die Nachrichten am Anfang in Maßen, einmal am Tag, per WhatsApp und auch nicht zu persönlich. Vor dem ersten Date war ich diesmal extrem aufgeregt, ich weiß heute noch nicht, wieso eigentlich.

Es war definitiv anders als sonst, ich habe mir zum Beispiel hin und her überlegt, was ziehe ich an? Wir trafen uns in einem französischen Restaurant, das er vorgeschlagen hatte und das ich noch nicht kannte, auch ganz in der Nähe meiner Wohnung.

Es wurde dann mein schönstes Date überhaupt.

Er war schon da, als ich kam, und auch er war aufgeregt. Wir haben gegessen und Wein getrunken und über alles Mögliche gequatscht, und es war nicht eine Sekunde langweilig.

Er war mal verheiratet, ist jetzt geschieden, hat keine Kinder. Eigentlich traue ich mich noch gar nicht, darüber zu sprechen, es ist noch alles so neu und am Entstehen. Ich habe schon seine Freunde kennengelernt, er hat mich zu einem gemeinsamen Kochabend mitgenommen. Und als sein Bruder nach Berlin kam, waren ich und mein Sohn auch dabei. Dabei ist das für mich schon wieder ein Zwiespalt: Einerseits eine Art Ritterschlag durch ihn – er stellt mich der Familie! den Freunden! vor –, andererseits habe ich Sorge, dass das alles wieder viel zu früh ist.

Aber ich vertraue darauf, dass er mir gegenüber den gleichen Respekt empfindet wie ich ihm gegenüber. Und dass es dabei völlig egal ist, ob wir uns im Internet oder sonst wo kennengelernt haben.

Was macht eine respektvolle Liebesbeziehung aus?

Ein Interview mit Tobias von der Recke

Was ist eigentlich eine respektvolle Beziehung?
Dass man sich gegenseitig achtet – nicht nur in seiner Eigenart, sondern auch im Hinblick auf die jeweilige Vergangenheit. Es ist gut, wenn man das »Großwerden« des anderen respektiert. Man erfährt ja in einer neuen Beziehung im Laufe des Kennenlernens nach und nach immer mehr über die Vergangenheit des zunächst noch fremden Partners – und mit diesem Wissen muss man dann respektvoll umgehen.

Menschen kommen mit ihren alten Geschichten, ihren Bedürfnissen und nicht erfüllten Sehnsüchten in eine neue Beziehung – und mit dem unbewussten Wunsch, dass nun endlich alles gut wird. Aber ich kann nicht darauf hoffen, dass mein Partner ab sofort alles in Ordnung bringen wird. Es braucht auch mein Wissen, dass es bei ihm ebenfalls diese Wünsche und Sehnsüchte gibt. Gegenseitig muss darauf geachtet werden, dass man mit dem eigenen Verhalten, in der eigenen Bedürfnisbefriedigung, aufgrund der eigenen Interessen nicht dauernd auf den alten Geschichten des anderen herumtrampelt.

Respekt vor der individuellen Vergangenheit – das leuchtet ein.
Aber was ist mit dem Respekt in der Gestaltung einer gemeinsa-
men Zukunft?

Eine respektvolle Beziehung zeichnet sich auch dadurch aus,
dass ich mit bestimmten Themen in meinem Leben nicht
immer nur zu meinem Partner gehe, sondern mich auch
mit anderen Menschen oder in anderen Kontexten ausein-
andersetze. Damit meine ich keine Therapie oder Beratung,
sondern dass es wichtig ist, dass ich Freunde und Hobbys
habe, dass ich in anderen Kreisen und sozialen Netzwerken
eingebunden bin. Das entlastet eine Beziehung, und das ist
auch ein Teil des Respekts.

So etwas will man natürlich am Anfang einer neuen Partnerschaft, wenn alles noch romantisch und wunderschön
ist, nicht hören. Der Blick ist fokussiert auf den Geliebten,
die Geliebte, alle anderen Menschen und Ereignisse treten
in den Hintergrund. Aber selbst dann ist es gut, schon mal
gehört zu haben, dass es auch noch andere bedeutungsvolle
Bereiche gibt: einen Beruf, eine Ausbildung, dass das Leben
nicht stillsteht, sondern weitergeht ... Das glauben Menschen
nicht, die frisch verliebt sind. Und das ist zunächst auch ganz
gut so. Aber wenn irgendwann die ersten Enttäuschungen
kommen, sollte es vielleicht einen Dritten – Freund, Freundin, Bruder, Schwester, Vater, Mutter – geben, der dazu-
kommt und sagt: »Hört mal, das ist jetzt ganz normal, keine
Katastrophe. Es geht nicht alles den Bach hinunter, wenn ihr
aneinander entdeckt, dass manches vielleicht doch nicht so
gut miteinander geht.«

Nicht gleich die Beziehung zur Disposition stellen! Ich

habe den Eindruck, dass heute viel schneller als früher aufgegeben wird. Es gibt eine wachsende Ungeduld Enttäuschungen gegenüber, Frustrations-Intoleranz nennt man das so schön in Fachkreisen. Dass wir Enttäuschungen hinnehmen, ist auch ein Aspekt vom Respekt. Wir sollten sie akzeptieren als einen Teil des Lebens: Meine Traumprinzessin, mein Traumprinz ist nicht unfehlbar, manchmal sogar ganz doof, und manchmal findet auch sie/er mich ganz doof.

Deswegen ist nicht alles gleich ganz schrecklich und furchtbar.

Wie sieht ein respektvoller Umgang im Beziehungsalltag aus?
Man muss, wie gesagt, die Eigenart des anderen akzeptieren. Was in der Praxis heißt: die Wünsche des anderen respektieren. Das muss sein, das ist nicht verhandelbar! Respektvolle Beziehungen sind letztlich immer Kompromisse. Der unbequeme Teil einer neuen Partnerschaft ist, dass ich auch einmal verzichten muss. Wenn ich z. B. leidenschaftlicher Fußballfan bin, bedeutet das in einer respektvollen Beziehung, dass ich nicht mehr bedingungslos jedes Spiel gucken kann, wann immer oder wo immer es ist. Verzichten – oder Verhandeln.

Verhandeln ... fünfmal lasse ich dich zum Fußball gehen, fünfmal musst du mit mir gehen, wohin ich will ... Ist das gemeint?
Ja, ich habe festgestellt, dass es in fast allen Beziehungen immer so eine Art »innere Balancierung« gibt. Wir Menschen sind so gepolt, dass wir von Natur aus ein gewisses Gerechtigkeitsempfinden haben. In jeder Beziehung kom-

men immer mal wieder Dinge in die Waagschale, die für eine Schieflage sorgen. In respektvollen Beziehungen werden dann von beiden Seiten Versuche unternommen, die Waage wieder ins Gleichgewicht zu bringen.

Ein klassisches Beispiel: Mann und Frau im Studium, sie lernen sich kennen, verlieben sich, ziehen zusammen, ein Kind kommt – die Frau unterbricht ihr Studium, der Mann beginnt seine Karriere. Die Waage ist total aus dem Gleichgewicht. Was passieren muss, damit die Waage wieder stimmt – das hängt von den einzelnen Paaren ab, dafür gibt es von Fall zu Fall ganz unterschiedliche Lösungen.

Ein anderes Beispiel. Sie lebt in Hamburg, er in München, auf einer Tagung in Frankfurt lernen sie sich kennen. Sie verlieben sich, und irgendwann stellt sich schließlich die Frage: Wer geht wohin? Er zieht zu ihr in den Norden, er entschließt sich nach langem Überlegen zu diesem Schritt – es ist ein großer Schritt, denn er verzichtet auf seine Freunde, sein soziales Umfeld. Sie muss nun respektieren, dass er einen großen Einsatz geleistet hat, dass er viel für sie aufgegeben hat. Was kann man tun, dass so ein auffälliges Ungleichgewicht der Waage wieder eingependelt wird? Auch hier muss man das entsprechend der Situation der beiden klären. Menschen sind verschieden, es gibt zahlreiche individuelle Lösungen. Messen kann man da nichts, nichts in Euro ausrechnen – letztlich ist es nur wichtig, dass bei beiden das Gefühl stimmt.

In Paartherapien und -beratungen erkenne ich immer wieder bestimmte Muster, die sich bei Paaren eingeschlichen haben. Diese Anschuldigungen, die immer wieder kommen:

»Ich konnte mich noch nie bei dir durchsetzen« oder »Ich musste immer zu deinen Gunsten verzichten«. Zum Respekt in einer Beziehung gehört, dass immer für einen Ausgleich gesorgt wird.

Um es einmal klarzustellen: Es geht ja nicht ums Aufrechnen – das hier hat ja alles vor allem mit Liebe zu tun. Ich zeige dem anderen, dass er mir wichtig ist. Beim Fußball: Du bist mir so wichtig, dass ich nicht ins Stadion gehe, sondern mitkomme zum Geburtstag deiner Freundin. Ich werde zwar ab und zu mal auf meinem iPhone nach dem Tor-Ergebnis schauen, aber generell: Wenn du möchtest, dass ich bei dir bin – dann ist mir das wichtig.

Noch einmal zurück zum Anfang, zu den Erfahrungen des anderen, die der Schlüssel zu seinem Verhalten sind. Wie erfahre ich von dessen unbewussten Wünschen und Verletzungen, wenn der andere zunächst gar nicht darüber spricht?

Das bekommt man schnell mit, da bin ich ganz zuversichtlich: Menschen, die zusammenkommen, lernen mit der Zeit ja auch das Umfeld des anderen kennen und erkennen Zusammenhänge. Da gibt es Eltern und Geschwister, die ganze Sippe mit ihren Traditionen, bei der einen mehr, der anderen weniger. Schnell kommen dann auch von außen inszenierte Themen in das Zweierverhältnis.

Klassisches Beispiel: Weihnachten! In vielen Familien gibt es feste Traditionen, das wird dann spannend. Von ihrer Seite kommt die klare Aussage: »Du kannst gern bei uns mitfeiern, aber ich kann auf keinen Fall zu dir kommen.« Oder: »Nach der Bescherung in den Club kommen und mit

Freunden Party machen? Nein, das geht nicht. Oma und Opa sind da, wir bleiben alle daheim.« Man erkennt: Aha, so ist das also. Ich bekomme meine Liebste nicht ohne ihre Vergangenheit, nicht ohne ihre Sippe. Die gehören dazu. Das zu akzeptieren ist dann auch eine Art von Respekt.

Manche Menschen sprechen von Respekt vor dem Partner – vor einem dominanten Ehemann, vor der Freiheitsliebe der Freundin – und eigentlich ist damit Angst gemeint. Die aber darf es doch in Beziehungen nicht geben, oder?
Das würde ich nicht sagen. Angst spielt auch immer wieder eine Rolle: Angst vor dem Verlassenwerden, Angst vor den Schwiegereltern ... Angst vor dem Partner? Das möchte ich nicht ausschließen. Es ist kein sehr bindungsfreundlicher Baustein, zugegeben, aber das passiert schon mal. Wenn man eine Zeit zusammen gegangen ist, entdeckt man unter Umständen Aspekte an dem anderen, die Angst machen. Zum Beispiel, wenn der andere zu viel trinkt, wenn es zu Aggressionen kommt, mit denen man nie gerechnet hat.

Wie geht man damit um?
Bei solchen Erfahrungen sollte man nicht gleich aufeinander losgehen, sondern die Situation erst einmal als Information aufnehmen: Aha, also dieses Verhalten gehört auch zu ihr/ zu ihm ... Abstand hilft in solchen Fällen. Gut ist es dann, wenn sich beide bemühen zu verstehen, womit dieses Ausrasten zu tun hatte. Meistens wird es leichter, wenn man weiß, welche Geschichte dahintersteckt.

Ein Beispiel: Sie fährt aus der Haut, und später stellt sich heraus, dass das in einer Situation war, in der der Partner sie total an ihren Vater erinnerte. Sie verfällt in ihren alten Lebensfilm und wird zur Furie. Und er hat keine Ahnung, was eigentlich los ist. Umgekehrt gibt es das natürlich auch. Gleich darüber reden ist sicher schwierig: »Hör mal, ich bin aus der Haut gefahren, weil ...« Das wäre ideal, aber wir sind ja keine Maschinen, so reibungslos spielt sich das Aufarbeiten einer schlimmen Situation in der Realität leider nicht ab. Aber es ist das Ziel, irgendwann zu verstehen, dass diese Schattenseiten des anderen eine Geschichte haben.

Meine Überzeugung ist, dass Buddha oder Gott oder das Schicksal sich etwas dabei denkt, wenn er/sie/es zwei Menschen zusammenführt. Das ist eigentlich nie Zufall. Das Schicksal oder Buddha oder der liebe Gott hat meistens eine ganz gute Idee, wenn er/sie/es sich überlegt, warum zwei Menschen zusammenkommen sollten. Und bei Paarbeziehungen geht es immer auch darum zu verstehen, was eigentlich die gute Idee bei diesem Zusammenkommen war. Am Ende sollen alle Dinge im Leben in Ordnung kommen, das ist doch unser aller Bestreben. Aber Paare verhaken sich natürlich auch gerade an den Punkten, die schmerzhaft sind, denn da sind wir am empfindlichsten. Dann kommen wir in einen Stressverarbeitungsmodus, das bedeutet Flucht und Kampf und Lähmung. Und dann wird es schwierig. Und darum bedeutet Respekt für mich: neugierig bleiben, verstehen wollen, was für den anderen die Punkte sind, die ihn verletzen.

Aber dabei sich selbst nicht zu verlieren, den Selbstrespekt zu wahren?

Gut ist es, mit beiden Beinen auf dem Boden stehen. Nicht in eine Situation zu kommen, nur noch durch den anderen zu leben.

Manche Menschen haben einen sehr geringen Selbstwert, sie möchten durch den Partner aufgewertet werden. Aber ich kann es immer wieder nur unterstreichen: Es ist zu wenig, wenn man nur in der Beziehung den eigenen Selbstwert erlebt. Man braucht auch einen anderen Kontext, um zu erleben, was man wert ist – man braucht Freunde, eine Sippe, einen Beruf, Hobbys.

Selbstrespekt, Selbstwertgefühl – dass sich zwei Menschen auf Augenhöhe begegnen, ist der Idealfall, aber selten. Auf einer Skala von null bis hundert bewegen sich wohl die meisten Menschen in der Mitte. Aber viele arbeiten daran, das wäre ja auch meine Hoffnung.

Ich denke: Jede Beziehung, die gelingt, hat auch eine politische Bedeutung. Ein attraktives Modell, natürlich für die Kinder, beispielhaft aber auch für die Umwelt.

Ich bin zutiefst davon überzeugt, dass Menschen ein harmonisches Zusammenleben wollen, dass sie Nähe zu einem einzelnen Menschen wollen – hetero, homo, das ist egal, eine Herzensbindung ist wichtig.

Zum Thema Respekt im Internet. Jeden Tag werden 250 Milliarden Mails und WhatsApp-Nachrichten verschickt. Jede Beziehung läuft inzwischen zu einem nicht geringen Teil online ab, selbst wenn sie offline begonnen hat – daheim am PC wird sofort das Profil durchforstet, es werden die Kontakte gecheckt, die Spuren aufgenommen. Viele Jugendliche klagen darüber, dass sie zu öffentlichen Personen geworden sind, dass ihnen zu wenig Respekt entgegengebracht wird.

Es stimmt, dass sich die Kontakte heute viel schneller und stürmischer entwickeln. Und dass Menschen beschämt und beleidigt werden. Und dass es oft nur um das Aussehen geht. Aber es liegt doch in der eigenen Hand: Wenn dieser wunderbar ausschauende Mann nur Blödsinn schreibt, nur auf eine sexuelle Beziehung aus ist – dann liegt es doch auf der Hand, diesen Kontakt schnell wieder abzubrechen.

Man muss sich von vornherein klarmachen, ob man eine ernsthafte Beziehung will oder ein Abenteuer. Nie den Selbstwert aus den Augen verlieren, Grenzen ziehen ist wichtig.

Ich habe viele Paare kennengelernt, die sich übers Netz kennengelernt haben. Aus den Gesprächen mit ihnen habe ich gelernt, dass die großen Themen des Lebens letztlich vom Internet unberührt bleiben. Es ist eine große Verführung, sich im Netz in Fantasien, die mit der Wirklichkeit wenig zu tun haben, zu verlieren, aber am Ende geht es immer darum, jemanden zu treffen, dem man vertrauen kann und der einen respektiert. Es mag schwieriger geworden sein, mit der riesigen Auswahl an Kontakten und der Geschwindigkeit umzugehen, doch sobald die Partnerschaft real wird, bleibt es bei dem, was ich zuvor gesagt habe: Man muss aushandeln, ob das Zusammensein eine Zukunft haben wird, das Virtuelle spielt dann keine Rolle mehr. Letzen Endes geht es dann wieder um den Ausgleich vom Geben und Nehmen, um Respekt – und natürlich um Liebe.

Es gibt eine »Faustregel«, die ich Paaren nach Beratungen gern mitgebe: Wenn sich zwei Menschen eine Zeit lang kennen, dann wissen sie voneinander, was der andere gern hat oder was ihn stört. Kommt es zu Problemen, dann hilft hundertprozentig: ein bisschen mehr von dem zu tun, was der Partner mag, und ein bisschen weniger von dem, was er nicht mag.

Und einen ähnlichen Rat gebe ich auch dem 15-Jährigen, wenn seine Mutter bei mir klagt, dass der Sohn die Spülmaschine nie ausräumt, die Wäsche liegen lässt und das Bett nicht macht. Dem jungen Mann rate ich, einfach zwei- oder dreimal pro Woche diese Arbeiten im Haus zu erledigen, bevor die Mutter es anmahnt. Das zeigt ihr: Er respektiert, was ich möchte – ich bin ihm wichtig.

Das ist Respekt. Ganz einfach.

Respekt gegenüber Fremden

Menschen mit ausländischen Wurzeln, die bei uns leben (müssen), wollen mehr, als nur toleriert oder akzeptiert werden. Sie möchten Respekt, also ein Miteinander-Umgehen auf Augenhöhe. Toleranz und Akzeptanz empfinden sie als etwas Herablassendes, Uninteressiertes – als Respektlosigkeit.

Mangelnde Wertschätzung wird von vielen Asylbewerbern und Flüchtlingen oftmals als persönliche Schande empfunden: »Ich werde nicht respektiert, also habe ich versagt.« Eine Katastrophe für das Selbstvertrauen – ein Zustand, der einem selbstverständlichen Miteinander mit den Menschen in der neuen Heimat im Wege steht.

Zwei ganz alltägliche Geschichten aus dem deutschen Alltag:

- Über eine junge Journalistin, die nach der Flucht in ihrer neuen Heimat um Anerkennung kämpft
- Und über einen Mann, der sich seit Jahren engagiert für Asylsuchende einsetzt und Respekt vor dem Schicksal eines jeden Mitmenschen fordert

Die Migrantin

Von den Wehen des Anfangs. Wie man sich in einer neuen Heimat Respekt verschafft

Ein Gespräch mit Hrachuhi Bostanchjan

Hrachuhi war siebenundzwanzig Jahre alt, als sie aus Armenien nach Deutschland kam. Sie hatte keine Hoffnung, dass man sie in dem neuen Land sofort respektieren würde. »Respekt«, sagte sie sich schon damals, »muss man sich verdienen. Ich werde mich anpassen – so lange, bis Deutschland bereit ist, mich zu akzeptieren. Und dann irgendwann einmal auch zu respektieren.«

Vier Jahre später war es so weit. Es war ein ganz normaler Sommertag, die Menschen in Dachau, der kleinen Stadt vor den Türen Münchens, waren gut gelaunt: Das Wochenende stand vor der Tür, und die Wettervorhersagen waren gut. Hrachuhi war auf dem Heimweg. An diesem Tag wurde sie auf der Straße gleich mehrfach gegrüßt, später im Bus freundlich angelächelt und schließlich kurz vor der Haustür sogar von den Nachbarn in ein Gespräch gezogen. An diesem Tag, erinnert sie sich, hatte sie zum ersten Mal wieder ein Gefühl von Heimat: »Dieses Land kann mein Zuhause werden. Ich bin willkommen, ich werde respektiert. Endlich.«

Hrachuhi Bostanchjan kocht grünen Tee in ihrer kleinen

Küche, während sie erzählt. Sie lehnt an der Spüle und wartet, dass sich das kochende Wasser abkühlt: eine schmale, gut – keineswegs fremdländisch – ausschauende Frau mit halblangem Haar. Sehr ernsthaft, sehr konzentriert, sehr bemüht, keine Formulierungsfehler zu machen. »Die Sprache ist die erste Voraussetzung, um in Deutschland akzeptiert zu werden«, sagt sie mit ihrer weichen, freundlichen Stimme und kaum hörbarem Akzent. »Man muss das Land und die Leute gut verstehen.«

Später, als das Gespräch vertrauter geworden ist, wird Hrachuhi dann aber doch ab und zu ein Wort verwenden, das nicht hundertprozentig passt – ganz selten nur, es stört überhaupt nicht, im Gegenteil. Später kann sie darüber sogar lachen, sich über die eigene Unzulänglichkeit amüsieren, und sie wird dabei zu einer anderen Frau: fröhlich, selbstbewusst, unbekümmert. Aber zunächst reagiert sie im Interview überaus vorsichtig – man kann sich vorstellen, wie schwierig die erste Zeit für sie gewesen sein muss in diesem Land, das unbedingt Heimat werden sollte und doch so beängstigend fremd war. »In den ersten zwei Jahren habe ich die neuen deutschen Freunde gebeten, jede Mail von mir auf Rechtschreibfehler zu korrigieren. Andere hätte das vielleicht genervt, mich nicht. Mir hat das viel geholfen.«

Dass Hrachuhi so ein inniges Verhältnis zur Sprache hat, erklärt sich durch ihren Beruf: Sie ist Journalistin. In ihrem Heimatland Armenien, das sie zusammen mit ihrem Mann Hajk aus politischen Gründen verlassen musste, arbeitete sie beim Fernsehen. Beide sprachen kein Wort Deutsch, als sie in Dachau eintrafen. Was für Hajk, den Schreiner, kein Hindernis war: Bei den Bewerbungsgesprächen konnte er Fotos von seinen besten Arbeiten vorlegen und damit schnell überzeugen. Hrachuhi dagegen fing zunächst einmal im Krankenhaus als Servicekraft an. »Man sagte mir, dort brauche man die Sprache nicht. Aber durch die Kontakte mit den Patienten habe ich dann doch schnell viele neue Wörter gelernt.«

Hrachuhi hatte in Armenien um ihr Leben fürchten müssen, die für ihre sozialkritischen Filme bekannt gewordene Fernsehjournalistin war massiv bedroht worden. Mehr als zwei Jahre musste das junge Ehepaar in der Gemeinschaftsunterkunft für Asylbewerber am Rande von Dachau bleiben, bis beide endlich als Flüchtlinge anerkannt wurden.

Ganz schlimm war das erste Jahr nach der Ankunft in Deutschland gewesen. Zwölf Monate lang hatten Hrachuhi und Hajk überhaupt nicht arbeiten dürfen, 365 Tage, in denen nichts weiter passierte, als dass sie in einem kleinen Zimmer im Migrantenwohnheim saßen und warteten, ohne Orientierung, voller Angst vor der Zukunft. »Respekt erfährt man in dieser Zeit nicht ... Die Beamten in den Behörden waren misstrauisch, haben oft nicht geglaubt, dass wir uns wirklich engagieren wollen in dieser neuen Heimat.« Auch die Atmosphäre in dem Wohnblock belastete die beiden. »Auf engstem Raum leben dort viele Menschen aus verschiedenen Kulturkreisen, jeder mit seiner eigenen Geschichte, jeder voller Panik vor einer Abschiebung. So etwas kann gar nicht anders als sehr schwierig sein. Man muss das verstehen.«

Hrachuhi verwendet oft das Wort »man«, wenn sie sich an diese Anfangsjahre erinnert, ganz selten nur ein »Ich« oder »Wir«. Sie winkt ab. Am liebsten würde sie gar nicht mehr darüber reden … Diese schwere Zeit sei vorbei, hoffentlich irgendwann auch mal vergessen. Und außerdem gebe es ja doch auch viel Gutes aus jenen ersten Monaten zu berichten: über diejenigen Deutschen, die anders als die Bürokraten in der Einwanderungsbehörde damals an das junge armenische Paar glaubten. Das Team der Organisation »Journalisten helfen Journalisten« zum Beispiel – das waren jene neuen deutschen Freunde, die geduldig Hrachuhis Mails korrigierten und später bei der Suche nach einer Wohnung halfen.

Die erste eigene Wohnung in Deutschland – Hrachuhi hat dafür noch heute ein poetisches Wort: »Es war eine Paradiesecke.« Ein kleines Appartement, das ihnen eines Tages endlich vom Krankenhaus zur Verfügung gestellt wurde: »Wir waren so glücklich: Endlich Ruhe – zum Essen, zum Schlafen!« Endlich freundliche Nachbarn, die so grüßten, wie sie es aus Armenien gewöhnt waren. »Die Deutschen«, Hrachuhi bemüht sich, nichts Falsches zu sagen, »sind hilfsbereit, aber auch zurückhaltend. Sie haben uns von Anfang an beobachtet: Wie wir uns verhalten, ob wir höflich und offen für die Kultur sind, ob wir mitmachen in der Gesellschaft. Das sind alles gute Gründe für sie, ob sie jemanden respektieren werden oder nicht. Und das müssen auch wir dann respektieren.« Man könne nicht immer nur um Mitleid und Hilfe bitten, man müsse auch selbst etwas leisten, um Respekt zu erringen.

Ist das nicht schwierig, Hrachuhi, wenn man dauernd das Gefühl hat, unter Beobachtung zu stehen? Wenn man sich dauernd aufs Neue bewähren muss, weil man sonst abgelehnt wird?

»Nein, nein«, antwortet sie überraschend schnell, die Überlegungen sind ihr offenbar nicht fremd. »Ich habe beschlossen, dass es für mich kein komisches Gefühl sein muss. Ich bin natürlich ein wenig anders als die anderen hier – die Menschen reagieren darauf. Wenn Deutsche nach Armenien gehen würden, dann wäre das die gleiche Situation.« Nein, ihre Persönlichkeit habe sie nicht verändern müssen, um Respekt zu erringen. Sie selbst sei die Gleiche geblieben wie in Armenien.

Seit ihre beiden Kinder auf der Welt sind, arbeitet Hrachuhi nicht mehr im Krankenhaus. Nach sechsmonatiger Schulung ist sie jetzt Referentin in der Gedenkstätte Dachau und führt Schulklassen und Touristen durch den Erinnerungsort auf dem ehemaligen Häftlingsgelände des Konzentrationslagers Dachau. Zweieinhalb Stunden Führung durch das finsterste Kapitel der deutschen Geschichte. »Am Anfang habe ich mir Sorgen gemacht wegen der Sprache. Was soll ich nur tun, wenn die Schüler zu schnell oder ein Bayerisch reden, das ich nicht verstehe ...? Was, wenn sie mich auslachen ...?« Tatsächlich waren die ersten Führungen nicht einfach. Die Kinder spürten die Unsicherheit der zarten, kleinen Frau und versuchten mit vielerlei Tricks, sie in Verlegenheit zu bringen. »Aber so ist es heute nicht mehr!« Hrachuhi wiegelt sofort ab. »Jetzt versuchen die Schüler, langsam zu reden – oder Hochdeutsch, wenn ich nicht mitkomme. Ich merke, dass sie es nicht nur akzeptieren, wenn ich, die Ausländerin, durch die deutsche Geschichte führe, sondern mich wirklich respektieren. Das ist sehr schön.«

Wenn Hrachuhi arbeitet, bleibt Hajk daheim, um auf die

Kinder aufzupassen. Annemarie, sechs Jahre alt, Edgar, der Dreijährige. »Deutsche Namen, für alle beide.« Sie lacht. »Die beiden sollen es nicht so schwer haben wie ich mit meinem alten armenischen Namen.« Mit beiden Kindern wird daheim Armenisch gesprochen, damit die Wurzeln erhalten bleiben. Denn wer weiß, ob man nicht vielleicht doch eines Tages wieder heimgehen werde nach Armenien? Zurück, wie Hrachuhi fast zärtlich sagt, »in mein kleines Land«? Deutsch bekommen Tochter und Sohn im Kindergarten und in der Spielgruppe beigebracht. »Bei Annemarie haben wir Tests machen lassen, um herauszufinden, ob ihr Deutsch gut genug ist für die Schulreife. Die Lehrer sagten, es gebe keinen Grund zur Zurückstellung.« Die Mutter wirkt dennoch besorgt: Die Sprache ist das, was ihr nach wie vor in der neuen Heimat am meisten Respekt einflößt. Integration? Nur durch Sprachkenntnisse. Daran führt kein Weg vorbei.

Im Kindergarten und auch in der Vorschule waren die Reaktionen der anderen Mütter und Väter zunächst wie immer – freundlich, aber distanziert: Erst einmal schauen, ob sich die armenischen Kinder auch richtig verhalten. Inzwischen hat man sich, wie Hrachuhi so schön sagt, »befreundet«, man trifft sich, die Kinder spielen miteinander. »Kontakt geht inzwischen schnell«, erklärt Hrachuhi. Aber wenn dann tatsächlich Freundschaft daraus werden solle, dann brauche man Geduld. »Erst entsteht Vertrauen«, zählt sie auf, »danach Respekt und dann erst kommt Freundschaft. Ohne Respekt keine Freundschaft.«

Über Rassismus in Deutschland und gegenseitigen Respekt

Ein Gespräch mit Willi Dräxler

Willi Dräxler ist Referent für Migration im Caritasverband der Erzdiözese München und Freising. Fünfundfünfzig Jahre alt, randlose Brille, gepflegter Bart, offener Blick, ruhige Stimme, souveränes Auftreten. »Willi ist ein unglaublich engagierter Mensch mit einem riesengroßen Elefantenherzen«, sagen Freunde und Mitarbeiter voller Respekt. Sein Büro im Münchner Bahnhofsviertel: schlichte Möbel, Aktenordner, Kinderzeichnungen und Fotos an der Wand, Zimmerpalme und grüne Wolfsmilch. Der Blick durch das gardinenlose Fenster geht auf die schmale Terrasse eines grauen Hauses, auf der immer wieder Männer und Frauen in Arbeitskitteln auftauchen, hastig eine Zigarette rauchen und wieder verschwinden. Wie ein Theaterstück mit dauernd wechselnden Akteuren – Dunkelhäutige, Asiaten, Europäer, Junge, Alte, lachend, ernst, düster blickend.

Willi Dräxler wendet dem Fenster den Rücken zu, er hat keinen Blick mehr für die alltägliche Szenerie gegenüber. Hier, in seinem Büro, geht es um den aktuellen Notstand in Stadt und Land, dem er Herr werden will. Um den ständigen Strom der Asylsuchenden nach München und Bayern, um die konstant wachsende Zahl der Migranten. Er lehnt sich an seinen Schreibtisch, breitet die Arme aus und sagt mit einem Anflug von Verzweiflung: »Es ist viel zu eng hier! Die Arbeit nimmt ständig zu, aber für neue Mitarbeiter hätten wir nicht einmal genug Platz.«

Willi Dräxler war dabei, als vor achtundzwanzig Jahren die ersten Flüchtlinge in seinen Heimatlandkreis Fürstenfeldbruck bei München kamen.

Damals war er Verwaltungsbeamter und auf dem Absprung, auf der Suche nach einer neuen Aufgabe, die mehr von ihm fordern sollte als Aktenarbeit. »Alles, was draußen in der Welt passierte, hatte mich schon immer interessiert. Als Kind haben mich Karl-May-Geschichten gefesselt – ›Durch das wilde Kurdistan‹, ›Im fernen Westen‹ oder ›Durch die Wüste‹. Später dann die ersten Reisen, die vielen neuen Eindrücke von Menschen, die oft in so viel schwierigeren Umständen als wir lebten ... Ich überlegte mir, ob ich nicht vielleicht Sozialpädagogik studieren sollte.« Das Schicksal, wie er es heute zufrieden nennt, hatte anderes mit ihm vor. Erst mal vorübergehend solle er sich doch bitte noch um die gerade angekommenen Flüchtlinge kümmern, bat man ihn, auf 400-Mark-Basis, danach könne er sich ja weiter um seine eigene Zukunft kümmern.

Der erste öffentliche Informationsabend, auf dem die Bevölkerung mit der Zuwanderersituation vertraut gemacht werden sollte, fand aus Platzgründen ausgerechnet in einem Kindergarten statt. Willi Dräxler hatte einige der männlichen Flüchtlinge mitgenommen, seine kleine Truppe stand plötzlich über hundert durchweg aggressiven Einheimischen gegenüber. Die Stimmung war aufgeladen. »Sie wollten keine Fremden im Ort, sie fühlten sich bedroht, hatten Angst um ihre Arbeitsplätze, ihre Wohnungen, ihre Kinder, ihre Frauen, ihren Wohlstand. Kein Gegenargument half, wir wurden niedergebrüllt.«

Willi Dräxler lernte mehrere Dinge an diesem Abend. Ganz praktische, wie zum Beispiel immer ein Mikrofon mitzunehmen, das nämlich hatte ihm vor Ort gefehlt. Und bei den Flüchtlingen, die er auch heute noch zu Informationsabenden einlädt, auf einen ausgewogenen Männer- und Frauenanteil zu achten, denn dann sei der Umgangston höflicher.

Aber es wurde ihm zum ersten Mal auch bewusst, dass es aus Respekt vor den Menschen die Pflicht der Einheimischen/Bayern/Deutschen/Europäer sei, sich der Hilfesuchenden anzunehmen. Und dass es nur dann zu einer Bedrohung unserer komfortablen Lebenssituation käme, wenn man sie in ihrem Elend alleinlassen und nicht teilhaben lassen würde an unserem Wohlstand. Und dass es seine, Willi Dräxlers, Aufgabe sei, seine Fähigkeiten und Kontakte diesem Mammutprojekt zu widmen.

»Heute geht es auf diesen Veranstaltungen viel respektvoller zu. Es traut sich selten jemand, aufzustehen und Stimmung gegen die Fremden zu machen!«, berichtet Willi Dräxler. »Es hat ein Nachdenken stattgefunden in den letzten zwanzig Jahren. Die meisten Menschen hier im Land haben inzwischen die globalen Zusammenhänge, das Nord-Süd-Gefälle verstanden, sie haben über Waffenhandel gelesen und mitbekommen, dass auch unsere Politik nicht ganz unschuldig ist an den weltweiten Unruhen. Sie glauben mittlerweile, dass die Flüchtlinge nicht zu uns gekommen sind, um uns zu schaden, sondern weil sie sonst nicht überlebt hätten – weil sie in ihrer Heimat verfolgt wurden oder an bitterer Armut litten. Sie denken: Wenn ich dort gelebt hätte, wäre ich wahrscheinlich auch fortgegangen.«

Willi Dräxler hält viele Vorträge – in Schulen, vor Bürgerinitiativen, auch bei der Polizei. Auf einer seiner ersten Folien zeigt er die Zahl fünfzig Millionen: »Mehr als fünfzig Millionen Menschen sind derzeit weltweit auf der Flucht. Wir dürfen nicht vergessen, dass wir vor nicht allzu langer Zeit auch einmal in dieser Situation waren. Deutsche Juden flohen vor dem nationalsozialistischen Terror und fanden Zuflucht im Ausland. Millionen von Deutsche flüchteten nach dem Zweiten Weltkrieg aus den östlichen Gebieten nach Westen, mit nur wenigen Habseligkeiten im Rucksack oder auf dem Handwagen, monatelang nur Hunger, Kälte und Krankheiten. Viele verloren dabei ihr Leben, viele Familien wurden auseinandergerissen ... Wo wären wir heute, wenn es damals nicht Solidarität und Respekt vor dem Schicksal der anderen gegeben hätte? Wenn diese Flüchtlinge nicht aufgenommen worden wären, wenn man ihnen nicht eine neue Heimat geboten hätte?«

Auf der anderen Seite sieht Willi Dräxler aber auch sehr deutlich, dass der geforderte Respekt ein gegenseitiger sein muss – dass er auch von den Flüchtlingen kommen muss. Aus seiner Erfahrung heraus berichtet er, dass es die jungen Männer sind, die ungefähr drei Viertel der Flüchtlinge ausmachen, die manchmal mit einer an die Realität noch nicht ganz angepassten Erwartungshaltung in unser Land kommen: »Sie haben gehört, in Deutschland gebe es gute Jobs und für jeden ein Haus oder zumindest eine Wohnung, die Bevölkerung sei freundlich und das Wetter immer gut und die deutschen Frauen wären liberal und leicht zu überzeugen. Wenn sie aus dieser Euphorie gerissen werden, stürzen sie in Frust, Enttäuschung oder Depression. Es dauert dann manchmal eine Weile, bis sie auf dem Boden der Tatsachen angekommen und bereit sind für einen Neuanfang.« In diesen extremen Situationen sei es auch kein Wunder, wenn in den Asylunterkünften die Menschen mitunter auch untereinander große Probleme mit dem gegenseitigen Respekt hätten: »Die Gestrandeten leben auf kleinstem Raum miteinander, sie sprechen unterschiedliche Sprachen. Konflikte können dann schon mal eskalieren.«

»Meinen bayerischen Mitbürgern sage ich immer, gegenseitiger Respekt entsteht nur, wenn ihr den Flüchtlingen und Asylsuchenden ein Gesicht gebt. Schaut ihnen in die Augen, behandelt sie gleichwertig. Mit reiner Autorität läuft gar nichts, ihr müsst sie akzeptieren, ihnen Perspektiven bieten, sonst ziehen sie sich zurück und werden immer schwerer erreichbar. Wenn Menschen sich abgelehnt fühlen, dann schotten sie sich gerne ab, flüchten sich in ihre Heimatgemeinschaften oder suchen Halt in der Religion, was in manchen Fällen auch bedenklich sein kann. Das ist es, wovor wir Angst haben müssen. Nicht vor den Menschen, die zu uns kommen.«

Es sei, sagt Willi Dräxler, nicht einfach, sich als Migrant in Deutschland Respekt zu verschaffen. Es werde viel verlangt: Bildung, Leistung, Zuverlässigkeit. »Von Migranten und Migrantinnen wird dies noch viel mehr erwartet als von Einheimischen. In anderen Kulturen hat hingegen die Pflege der zwischenmenschlichen Beziehungen noch eine größere Bedeutung als in unserem Turbokapitalismus. Viele Zuwanderer fügen sich ein in diesen Alltag voller Arbeit und Pflichten, wollen sich den Respekt verdienen, agieren überangepasst, aber emotional bleiben sie auf der Strecke. Wie anders sie eigentlich sind, sehe ich immer mal wieder aufblitzen, wenn sie ihre Folklore pflegen, ihre Herkunftskultur als Ventil nutzen. Wenn sie tanzen und singen und plötzlich sehr fröhliche Menschen sind. Nicht wiederzuerkennen am nächsten Tag, wenn sie im deutschen Alltag wieder ernst und still ihrer Arbeit nachgehen.«

In der Tat sei die Stimmung der Deutschen gegenüber den Fremden im Land positiver geworden. Willi Dräxler macht sich dennoch Sorgen: »Was, wenn auch unser Land, wie viele andere, in die Krise gerät, wenn die Arbeitslosigkeit zunimmt und sich plötzlich jeder selbst wieder der Nächste ist? Kippt dann alles wieder um, kehren die alten, bei vielen Einheimischen latent noch vorhandenen Ressentiments zurück?« Dass die erste Reise von Papst Franziskus nach seinem Amtsantritt 2013 nicht nach Südamerika oder zu einem Kirchenkongress führte, sondern auf die italienische Mittelmeerinsel Lampedusa, wo er der auf der Überfahrt von Afrika gestorbenen Migranten gedachte – das habe ein Umdenken bei vielen Europäern bewirkt, nicht nur bei den Katholiken. Der Papst hatte die Wohlstandskultur gegeißelt, die »uns unempfindlich für die Schreie der anderen macht und zur Globalisierung der Gleichgültigkeit führt«. Das Gefühl der »brüderlichen Verantwortlichkeit« sei verloren gegangen. Das, sagt Willi Dräxler, sei ein Signal gewesen, dessen Leuchtkraft hoffentlich auch Krisen überstehen werde.

Irgendwann an seinen Informationsabenden kommt dann zuverlässig auch die Frage aus dem Publikum: Wie kann ich es richtig machen im Umgang mit den Fremden? »Ganz einfach, sage ich dann: Freundlich lächeln, die Hand geben – wobei man bei muslimischen Frauen anfangs zurückhaltend sein sollte – keine falsche Hilfsbereitschaft. Nicht irgendwelche Almosen abladen, Sachen, die man selbst nicht mehr brauchen kann. Sich Zeit nehmen! Respekt bedeutet, einen Tee zu trinken, sich hinsetzen und zuhören oder selbst erzählen.« Gedankenverloren dreht sich Willi Dräxler auf seinem Schreibtischstuhl hin und her, sein Blick fällt aus dem Fenster auf das Haus gegenüber. Drei junge Frauen, eine davon mit Kopftuch, rauchen auf der Terrasse, sie lachen und stecken die Köpfe zusammen. Willi Dräxler lächelt. »Ach ja, noch etwas: Nicht alles tierisch ernst nehmen. Humor hilft.«

Respekt in der Religion

Ist mangelnder Respekt vor dem Glauben eines anderen das Gleiche wie die Diskriminierung von Menschen aufgrund ihres Geschlechts oder ihrer Hautfarbe?

Ist es zu viel Respekt verlangt, wenn ich die Lehren einer anderen Religion, ihre Werte und Symbole, ihre religiösen Führer und ihre heiligen Orte wertschätzen soll wie meine eigenen?

Muss nicht auch in der Religion der Respekt erst verdient werden?

Nur drei der unzähligen Fragen, um deren Antworten nach den Anschlägen auf die Meinungsfreiheit und dem Terror im Namen der Religionsfreiheit weltweit auf Leben und Tod gekämpft wird.

Eine Vision – die auch von Papst Franziskus geteilt wird – könnte es sein, junge Menschen so zu erziehen, dass sie Respekt vor der Religion der anderen zeigen. Ohne sie zu zwingen, deren religiöse Überzeugungen zu teilen.

- Drei Gespräche zum Thema Respekt vor anderen Religionen: mit einer christlichen Regionalbischöfin, mit einem Islamwissenschaftler und einem Rabbi

Die Bischöfin

Respekt im Christentum

Ein Gespräch mit Susanne Breit-Keßler

Susanne Breit-Keßler ist Regionalbischöfin und damit verantwortlich für die geistliche und administrative Leitung der Evangelisch-Lutherischen Kirche Münchens und Oberbayerns. Eine zierliche, lebhafte Frau, schmaler Hosenanzug, modische Stiefeletten, immer hundertprozentig fokussiert. »Respekt? Das ist mein Thema. Respekt heißt für mich:

Mir die Zeit zu nehmen, auf das zu blicken, was der andere gesagt hat, ihn zu würdigen, wie er ist.

Jeder Mensch hat Anrecht auf diesen Respekt, unabhängig von Herkunft, Hautfarbe, Sprache, Religion, Alter oder Neigungen.

Jeder Mensch ist ein Ebenbild Gottes.«

Der Mörder, den Sie immer wieder im Gefängnis besuchen – ist er für Sie tatsächlich ein Ebenbild Gottes, das Sie respektieren?
»Ja. Das heißt aber nicht, dass ich über seine Schuld hinwegrede. Ich spreche mit ihm über das Unrecht, das er getan hat, zeige ihm auf, wo er Fehler gemacht hat. Die Mitmenschen respektieren – das heißt, auf keinen Fall zu akzeptieren, dass jeder machen kann, was er will.«

Der Mörder ist wahrscheinlich erleichtert, dass Sie sich über-
haupt für ihn und seine Schuld interessieren. Aber wie verhal-
ten Sie sich außerhalb von Gefängnismauern? Wenn Sie auf
aggressive gegenteilige Meinungen stoßen?

»Diskussionen oder Auseinandersetzungen gehören für
mich untrennbar zum Respekt. Das ist der Unterschied
zur Toleranz: Bei ihr erspart man sich die Auseinandersetzung mit dem Standpunkt des anderen – man toleriert dessen Verhalten, ohne sich groß damit auseinan-
derzusetzen. Doch zum Respekt gehört, dass man seine
eigene Meinung vertritt, falls nötig, auch im Streitge-
spräch.«

Susanne Breit-Keßlers Geschichte

»Ich bin in Oberaudorf in Oberbayern aufgewachsen. Beide
Elternteile hatten keine höhere Schulbildung, mein Vater
war Feinmechaniker. Sie waren sehr überrascht, als ich mich
auf dem Gymnasium in Rosenheim durchsetzte, und das
sogar sehr erfolgreich.

Als ich zwölf Jahre alt war, entdeckte ich das Debattie-
ren. Zum Beispiel las ich ›Das Kapital‹ von Karl Marx und
vertrat dessen Thesen lauthals gegenüber meinem Vater,
der den Kommunismus strikt ablehnte. Aber dennoch diskutierte er alle Theorien geduldig mit mir durch. Er nahm
sogar bösartige Bemerkungen wie ›Ihr wart ja alle Nazis‹
zur Kenntnis, zollte mir damit Respekt, aber er akzeptierte
sie natürlich nicht. Er fragte vielmehr: ›Wie kommst du nur

zu dieser Ansicht?‹ Er nahm mich ernst, ohne mir recht zu geben.

Diese Auseinandersetzungen wurden mit Leidenschaft und Engagement geführt und dauerten manchmal Stunden. Das Ende war immer das gleiche. Mein Vater beschloss irgendwann für sich, dass es nun genug sei, und sagte dann zu mir: ›Schaust du bitte mal nach, ob wir noch Schokolade haben?‹ Das war ein Friedensangebot, so etwas wie eine Friedenspfeife, die ich immer annahm.

Was ich daraus gelernt habe: Man darf alles sagen, im richtigen Rahmen und mit Respekt, man muss aber auch unbedingt dem anderen zuhören. Zudem darf man nicht beleidigt sein. Und irgendwann muss Schluss sein mit der Diskussion.

Dass mein Vater mich, die Heranwachsende, mit den oft noch unausgegorenen Thesen, so ernst nahm, gab mir viel Selbstsicherheit. Und die hat mir erst in der Schule und später dann mein ganzes Leben lang weitergeholfen.«

»Wenn man selbst zurückweicht, wird man nicht respektiert.«

Zu diesem – ihrem – Satz bringt Susanne Breit-Keßler ein Beispiel. Jedes Jahr im November wird überall in Deutschland in Kindergärten und Schulen das Martinsfest gefeiert. Mit Laternenumzügen und Liedern wie »Sonne, Mond und Sterne« wird des heiligen Martins gedacht, der seinen Mantel mit einem Bettler teilte und damit zum Vorbild für christliche Nächstenliebe wurde.

Im Jahr 2013 begannen jedoch – erst vereinzelt, dann verstärkt – Diskussionen, ob man nicht besser zum »Sonne-Mond-und-Sterne-Fest« statt zum »St.-Martins-Fest« einladen solle. Man würde dann die muslimischen und jüdischen Familien nicht diskriminieren, der neue Name sei politisch korrekter. Viele Christen empfanden dies als eine Art vorauseilender Gehorsam gegenüber den Andersgläubigen im Land: War es die Kapitulation der christlich-abendländischen Mehrheit im Lande? Es gab Hass-Mails und Drohungen gegen die betroffenen Erzieherinnen, böse Zeitungsartikel und Politikerkommentare.

Hinterher sprach man von einem großen Missverständnis, es sei alles nicht so gemeint gewesen. Aber mal angenommen, einige Erzieher hätten aus Rücksicht auf andersgläubige Kinder das Fest tatsächlich umbenannt – wäre das ein Rückzug der Christen vor dem Islam und dem Judentum gewesen? Oder berechtigter Respekt?
»Für mich wäre es Feigheit gewesen, das St.-Martins-Fest umzubenennen. Man sollte seine eigenen Traditionen unbedingt schätzen und verteidigen – und damit zeigen, wie wichtig sie uns sind.

Ich habe viele Reisen durch muslimische Länder gemacht und immer wieder erlebt, dass Muslime mich, stellvertretend für viele Christen, fragen: Sag mal, warum weicht ihr zurück? Warum nehmt ihr eure eigenen Kirchenfeste nicht so ernst wie wir unsere? Sie haben mir erzählt, dass sie gern mit den Christen gefeiert hätten, dass diese aber oft gar nicht genau über ihre Religion Bescheid wussten. Ihr kennt euch ja gar nicht aus, wurde mir vorgeworfen, wie könnt ihr erwarten, dass wir euch ernst nehmen?

Man muss sich im christlichen Glauben positionieren, ein aktiver, engagierter, informierter Christ sein, der seine Meinung mutig vertritt – dann wird man respektiert. Das ist meine Überzeugung.«

Gott schuf den Menschen zu seinem Bilde und schuf sie als Mann und Frau. (1. Buch Mose, Kapitel 1, Vers 27)

Klagen aus dem Klassenzimmer: Das Internet habe das Verhältnis zwischen Jungen und Mädchen verändert, erzählen vor allem die Schülerinnen, Respektlosigkeit sei an der Tagesordnung. Es folgen viele Beispiele – Mobbing, dumme Sprüche, Hohn und Spott. So gehe das nicht weiter: »Wir brauchen mehr Respekt!«

Die evangelische Bischöfin sagt, sie würde niemals einem Menschen Respekt verweigern: »Jeder hat darauf ein Recht, unabhängig von seinem Geschlecht, seinem Herkunftsland, seiner Hautfarbe, seiner Sprache, seiner Religion, seinem Alter, seinem Berufsstand, seinen Neigungen – weil er als Ebenbild Gottes geschaffen ist.«

Aber, schränkt sie ein, in den Social Communities des Internets sollten einige eigene Verhaltensweisen ganz schnell und gründlich überdacht werden:

»Man darf sich nicht gehen lassen, man darf sich nicht prostituieren, nicht zu einem öffentlichen Menschen machen. Wer Respekt will, muss lernen, Distanz zu wahren und dem eigenen Schamgefühl nachzugeben.

Facebook zum Beispiel: Persönliche Informationen – ja. Privates – nein. Was es nicht geben sollte, sind peinliche Fotos oder aufdringliche Videos, nach dem Motto: Ich gebe alles, damit ich endlich einmal irgendwo vorkomme. Fünfzehn Minuten Ruhm, dann ist es vorbei mit der medialen Aufmerksamkeit, und ein anderes Objekt wird interessant. Eine kurze Zeitspanne, in der man beachtet wird, vielleicht sogar das Gefühl hat, geliebt zu werden – und dann? Das Recht auf Vergessenwerden im Internet ist immer noch nicht gesetzlich geschützt, die Datenschutzgesetze sehen nur Bestimmungen vor. Selbst gelöschte Bilder verschwinden nur oberflächlich – das Internet speichert alles.

Man sollte nie vergessen, was Gott zu jedem Menschenkind sagt: Du bist unendlich kostbar! Du musst nicht so sein wie alle anderen – jeder von euch ist großartig in seiner Individualität, die ihr pflegen solltet.«

Die Heiligen Bücher
Auszug aus den Heiligen Büchern der Christen und Muslime, aus der Bibel und dem Koran. Diese Sätze werden von den Andersgläubigen oft aus dem Kontext gerissen und zur Untermauerung von Hasstiraden benutzt.

»Du wirst alle Völker verzehren, die der Herr, dein Gott, für dich bestimmt. Du sollst in dir kein Mitleid mit ihnen aufsteigen lassen.« »Die Ungläubigen« erwartet das »ewige Feuer«, sie werden in der »Hölle« mit »Eiterfluss« und »Jauche« getränkt.

»Der Menschensohn wird seine Engel aussenden, die die-jenigen, die das heilige Gesetz übertreten haben ... in den Ofen werfen, in dem Feuer brennt. Dort werden sie heulen und mit den Zähnen knirschen.«

Diese gruseligen Zitate, in den heiligen Büchern – nur Gewalt, kein Respekt? Wie soll man das verstehen?
Susanne Breit-Keßler lächelt: »Das sind archaische Zeit-zeugnisse, über Jahrhunderte hinweg geschrieben. Man darf nicht vergessen, in welch schwierigen, grausamen Zeiten diese Texte entstanden. Diesen Aspekt muss man sich klar-machen, wenn man sie heutzutage liest.«

Und weiter, eindringlich: »Jesus hat gesagt: Liebe deine Feinde. Nur das zählt!«

Also kein Aufbegehren gegen Länder, in denen unsere Vorstellun-gen von Menschenrechten ignoriert werden? In denen Frauen gesteinigt und andere Grausamkeiten im Namen der jeweiligen Religion passieren? Sollten wir ausgerechnet jenen Respekt zol-len, denen selbst jeder Respekt vor Andersgläubigen fehlt?
Die Bischöfin zögert einen Moment. »Respekt bedeutet, den Menschen als Menschen wertzuschätzen. Das gilt nicht für alle seine Überzeugungen. Bekämpfen – ja. Aber mit Wor-ten. Der Erfolg militärischer Einsätze ist oft zweifelhaft. Wir haben doch schon oft erlebt, dass sich hinter militärischen Einsätzen Machtpolitik versteckte, dass es nicht um Gott, Allah oder Jahwe ging, schon gar nicht um Menschenrechte, sondern in Wirklichkeit um Geld oder Öl!

Ich unterstütze kein System, ich unterstütze Entwicklungshilfe-Projekte, übernehme für Mädchen Patenschaften und sorge damit für Bildungschancen. Aggressionen entstehen oft aus Angst vor der Bedrohlichkeit des Fremden – man fürchtet sich vor dem, was man nicht kennt und nicht versteht. Dagegen hilft nur Aufklärung. Erst mit gebildeten Menschen kann man Diskussionen führen, die auf gegenseitigem Respekt beruhen.«

Respekt im Islam

Ein Gespräch mit Amin Rochdi

In Deutschland leben vier Millionen Muslime, sie sind nach den Christen die zweitgrößte religiöse Gruppe im Land. Die Bundesregierung fördert vier islamische Zentren, an denen unter anderem Lehrkräfte für den Koranunterricht an deutschen Schulen ausgebildet werden. Amin Rochdi ist Dozent an der Universität Nürnberg-Erlangen, außerdem unterrichtet er an einer Realschule: Deutsch und Geschichte für alle Kinder, islamische Religion für muslimische Jungen und Mädchen. Sein Foto im Netz ist ein verblüffender Kontrast zu den Schlips-und-Kragen-Porträts der Kollegen überall sonst im Land: Es zeigt ihn lässig auf einer Schulbank sitzend, die Füße auf einem Stuhl, ein Heft in der Hand, offener Hemdkragen, freundlicher Blick. Zum Thema Respekt hat Amin Rochdi viel zu sagen: dass der verdient werden müsse, zum Beispiel. Oder was der Koran zum Respekt sage. Oder wie respektlos es sei, jemanden wie ihn zu fragen, wo er eigentlich herkomme.

Wie bitte? »Ja, das nervt mich unglaublich. Ich bin in München geboren, in Bayern aufgewachsen. Und trotzdem, immer wieder dieses Nachhaken – so wie neulich in der Elternsprechstunde: Woher kommen Sie? Hey, denke ich mir dann, ich bin Deutscher, bin sogar der Deutschlehrer Ihrer Tochter, was soll die Frage?« Amin Rochdi, Typ Südeuropäer, Sohn eines Marokkaners und einer Italienerin, lächelt, aber die Augen bleiben ernst. Er sagt, die sogenannten »Personen mit Migrationshintergrund« in der Bundesrepublik, egal, ob erste oder zweite Generation, wollten sich nicht mehr als Fremde fühlen. »Sie werden unsicher, wenn man sie immer wieder auf ihre Herkunft anspricht. Sie fragen sich: Was steckt dahinter? Habe ich einen Fehler gemacht? Ich wünschte, man würde damit aufhören.«

In seiner Familie – Vater Muslim, Mutter Katholikin – lernten Amin und sein jüngerer Bruder von klein auf, was es bedeutet, den anderen und seine Religion nicht nur zu tolerieren (»Das ist ja nur die unterste Stufe«), sondern zu respektieren. »Die Eltern hatten sich vor unserer Geburt darauf geeinigt, uns muslimisch zu erziehen. Meine Mutter hatte damit kein Problem. Sie war der Überzeugung: Wir schöpfen alle aus der gemeinsamen Quelle der Religionen, wir glauben alle an den einen Gott. Und darum hat sie im Ramadan solidarisch mitgefastet. Und Schweinefleisch hätte sie niemals auf den Tisch gebracht.« Heute, nachdem er so viel über Respekt und Respektlosigkeit gelernt hat, weiß Amin Rochdi zu schätzen, wie selbstverständlich damals die römisch-katholischen Großeltern in Italien mit dem muslimischen Familienzuwachs umgingen. »Diese Art von Respekt ist bis heute für mich unübertroffen.

Mein Vater, mein Bruder und ich mussten uns nie rechtfertigen, stets wurde auf unsere Essensvorschriften und Glaubensrituale Rücksicht genommen. Es war ein Gefühl von Sicherheit und Heimat. Man respektierte uns – und damit wuchs unser Selbstrespekt.«

Auf dem Landshuter Gymnasium waren Amin und sein jüngerer Bruder die einzigen Muslime. »Wir waren eine Minderheit, wir hatten den Exotenbonus. Ich war Amin – ja, genau, habe ich immer gesagt, wie der deutsche Name Armin, nur ohne r. Ich war derjenige, der kein Schweinefleisch aß. Nach den Terroranschlägen vom 11.9.2001 änderte sich die Situation. Plötzlich war ich nur noch Amin, der Muslim.« Der zu allem, was mit dem Islam zusammenhing, der Lehrerschaft und den Mitschülern fundiert Auskunft geben sollte, der sich rechtfertigen musste für jede Ungerechtigkeit, die irgendwo in der Welt im Namen des Korans geschah. Alles wurde plötzlich schwierig. Die große Weltlage und der kleine Schulalltag.

»Zum Beispiel: Seit der 8. Klasse schrieb ich meinen Namen in Arabisch auf die Schularbeiten, mein Vater hatte mir die Buchstaben beigebracht. Die Lehrer hatten eine sympathische Art, damit umzugehen – einer fragte mich, ob das auch wirklich mein Name sei und ob da nicht stehen würde: Der Lehrer ist ein Esel ... Und alle lachten. Nach dem 11.9., ich war inzwischen in der 12. Klasse, fragte mich plötzlich ein – neuer – Lehrer misstrauisch, ob ich der Klasse mit meinen arabischen Schriftzeichen etwas sagen wolle? Ich habe zunächst überhaupt nicht kapiert, worum es ihm ging – ich war doch genauso schockiert über das Attentat wie meine Klassenkameraden! Doch die Stimmung hatte sich geändert. Das Misstrauen war da.«

Amin beschloss – da er ja ohnehin schon als Experte

galt –, mehr über seine Religion zu lernen; an der Universität belegte er zum Lehramtsstudium Deutsch/Geschichte/Islamwissenschaften und Islamische Religionslehre. Er machte das Fragen-Beantworten und Auskunft-Geben zu seinem Beruf. Heute ist Amin Rochdi über die Grenzen Erlangens hinaus ein anerkannter Gesprächspartner in zahlreichen interreligiösen Dialogen und hält Basisseminare für künftige Lehrer, die sich noch nie mit dem Islam beschäftigt haben. Und antwortet mehrmals in der Woche auf die Frage: »Was für ein Glauben ist der Islam?«

Rochdi analysiert sachlich: »Die hiesige Gesellschaft hat seit 2001 den Islam als radikale Religion kennengelernt. Zwar gab es immer wieder Ansätze zu beschwichtigen, aber viele Umfragen ergaben: Die Menschen haben Angst. Was sie mitbekommen: Der Islam ist eine Religion, die, wenn mit Gewalt gepaart, auf brutalste Art und Weise von sich reden macht. Ich war ja – wie die meisten meiner Glaubensbrüder – am 11.9. selbst überrascht und entsetzt über die Brutalität einiger muslimischer Gruppierungen. Wohlgemerkt: *einiger* muslimischer Gruppen, damit sind nicht generell *die* Muslime gemeint.«

Was sagt der Koran zum Thema Respekt?
»Der Koran ist das göttliche Wort, ein Text aus dem 7. Jahrhundert, in den heute viel hineininterpretiert wird. Man muss sich die damalige Zeit vor Augen halten, um nicht gewisse Worte aus dem Kontext zu nehmen und falsche Rückschlüsse zu ziehen.

Im Koran befiehlt Gott nach der Erschaffung des Menschen den Engeln, sich vor der neuen Schöpfung zu verneigen. Die Engel gehorchen – nur Satan nicht. Er sagt, er sei etwas Besseres.

Im Koran gibt es zwei Namen für diesen aufsässigen Engel: Schaitan und Iblis. Iblis – das ist derjenige, der jede Hoffnung verloren hat, Schaitan – das ist derjenige, der vor Wut brennt. Beides kann die Menschen zur Verzweiflung bringen. Wenn ich das meinen Schülern erkläre, verstehen sie das. Sie kennen die Hoffnungslosigkeit, wenn sie zum Beispiel das Schuljahr nicht schaffen. Oder die Wut, wenn sie zu etwas gezwungen werden, was sie nicht tun wollen. Schaitan/Iblis ist der Prototyp des Bösen, er hat sehr viele menschliche Wesenszüge. Was möchte Gott uns damit sagen?

Dass wir anders sein sollen als dieser gefallene Engel.

In der Sure 17, Vers 70 heißt es: »Wir haben den Menschen mit Würde ausgestattet« – für mich heißt das: mit Respekt voreinander. Wenn man sich jedoch als etwas Besseres fühlt, impliziert man, dass der andere es nicht wert ist, respektiert zu werden.

Dennoch gibt es überall auf der Welt Konflikte, bei denen sich die muslimischen Krieger auf den Koran beziehen.
»Jeder zieht sich aus dem Text die Rosinen, die er braucht. Die Extremisten, die eine komplett muslimische Welt wollen, beziehen sich auf den Koran, das stimmt. Aber ebenso gut kann man auch den Appell zur Gewaltlosigkeit aus der Heiligen Schrift des Islam herauslesen. Was dringend nötig ist, ist eine innere Diskussion der Muslime, auch zu aktuel-

len Entwicklungen wie dem Einfluss der Terrormiliz IS (Islamischer Staat). Wenn man zurückschaut: Im 9. Jahrhundert war die arabische Welt die fortschrittlichste überhaupt. Es wurde auf die arabisch-islamische Gesellschaft geschaut, Renaissance und Aufklärung sind mit Ergebnisse dieser Zeit. Es gab exzellente, friedfertige arabische Gelehrte, Mathematiker, Ärzte ... wer weiß, wo Europa heute ohne sie wäre.

Heute aber sind viele arabische Staaten da, wo die Europäer im Mittelalter waren. Heute brauchen sie in ihrer muslimischen Welt europäische Krankenhäuser, wenn sie den Standard halten wollen. Heute sagt man, der Islam braucht Aufklärung, heute schauen die Muslime auf Europa ...

Wenn ich dann von meinen Schülern höre, wir wollen diesen Respekt von früher wieder zurück, dann sage ich: Das ist in Ordnung, aber diesen Respekt muss man sich erst wieder erarbeiten. Lasst uns jetzt damit anfangen. Wir müssen aktiv werden, um wieder so dazustehen wie damals.«

Wenn Amin Rochdi über seine Schüler und Schülerinnen spricht, verwandelt er sich vom kühlen Wissenschaftler in einen leidenschaftlichen Lehrer. »Meine muslimischen Schüler haben das Problem, dass sie von einem Großteil der deutschen Gesellschaft für alle Entwicklungen der letzten fünfzehn Jahre verantwortlich gemacht werden. Dabei waren sie am 11.9.2011 teilweise noch gar nicht geboren! Sie können gar nicht verstehen, welch ein einschneidendes Erlebnis die Attentate in Amerika für die westliche Welt waren. Heute sollen sie nun plötzlich auch noch die Gewaltaktionen der IS erklären – dabei sind sie in Deutschland geboren und leben hier ein ganz normales Leben, wie ihre Schulkameraden! Wir müssen unbedingt ganz schnell gute Wege finden, damit umzugehen! Wir müssen diesen verunsicherten Jugendlichen zeigen: Ihr gehört zu unserer Gesellschaft, wir respektieren euch. Wir nehmen euch so, wie ihr seid! Aber bringt euch ein, sonst bleibt ihr immer nur fünftes Rad am Wagen! Sonst werdet ihr es nicht schaffen, ein gesundes Selbstvertrauen aufzubauen und euch selbst zu respektieren.«

Keine Chance für Selbstrespekt, wenn man sich nicht wohlfühlt, sich versteckt, einen Zufluchtspunkt sucht, sich zurück in die »alte Heimat« träumt?

»Ich als Religionslehrer in Deutschland frage mich oft, woher es eigentlich kommt, dass die jungen Muslime so viel von Heimat sprechen und damit ein Land wie die Türkei oder Marokko meinen, in dem sie oft nicht mehr als einen Monat Ferien pro Jahr verbringen?

Eine Art ›impressionistische‹ Heimat, in der es keine Probleme gibt. Sie sehnen sich nach Tante und Onkel, die immer Zeit haben, nach dem Strand, an dem sie ihre Ferien verbringen ... Die Antwort: Weil sie sich hier ihre Heimat nicht aufbauen können, solange sie sich nicht selbst respektieren! Das aber ist die Grundvoraussetzung, um von denen, die hier leben, überhaupt erst wahrgenommen zu werden.«

Ein verhängnisvoller Kreislauf: Je unsicherer man sich in einer Gesellschaft fühlt, desto empfindlicher wird man gegenüber Respektlosigkeiten. Regeln könnten helfen: Einer muslimischen Frau als Mann nicht ohne Weiteres die Hand geben – man fasst eine fremde Frau nicht einfach an. Erst

den Mann begrüßen, dann die Frau. Und so weiter, vom täglichen Leben bis hinauf in die große Politik.

Eindeutig formulierte kulturelle Gepflogenheiten als
Basis eines respektvollen Zusammenlebens – ist das die
Zukunft einer multikulturellen Gesellschaft? Dazu aber ist
viel Respekt und Lernen nötig, auf allen Seiten. Amin Rochdi
zuckt die Achseln: »Ja. Anders geht es wohl nicht. Es ist ein
Aushandlungsprozess, der noch mindestens eine Generation andauern wird.«

Respekt im jüdischen Glauben

Ein Gespräch mit Dr. Tom Kučera

Der Gemeinschaftsraum der liberalen jüdischen Gemeinde Beth Shalom (Haus des Friedens) in München ist groß und hell, mit vielen Tischen und Stühlen möbliert. In der Ecke ein großer Korb, in den ein junger Schüler nach dem jüdischen Religionsunterricht soeben mit Schwung seine Kippa – die traditionelle Kopfbedeckung – gefeuert hat, bevor er die Treppe hinunter auf die Straße stürmte. In den Regalen an der Stirnseite viel ernsthafte Literatur über die Geschichte der Juden, zahlreiche Biografien, aber auch Krimis wie »Am Freitag schlief der Rabbi lang«. Und ein paar Reihen mit jüdischem Humor: Bücher mit Witzen, Woody-Allen-Storys – man würde dies nicht unbedingt in einer religiösen Gemeinde erwarten. »Jüdischen Humor finden Sie in den Bibliotheken und Buchhandlungen überall auf der Welt.« Rabbi Tom Kučera lacht. »Es gibt keine andere Religion, in der Humor eine solche Rolle spielt, selbst in unseren Unterrichtsstunden. Vielleicht würde das den anderen Glaubensrichtungen auch ganz guttun.«

Dr. rer. nat. Tom Kučera, kurz geschnittene Haare, Pullover, Mitte 40, aufmerksamer Blick, ernst und konzentriert, aber immer bereit zum Lachen. Im September 2006 wurde er in der Dresdner Synagoge zum Rabbiner ordiniert – es war die erste Ordination in Deutschland seit der Schoa, der Vernichtung von europäischen Juden durch die Nationalsozialisten und ihre Helfer. Seit Oktober 2006 amtiert er als Rabbiner der liberalen Münchner Gemeinde Beth Shalom; sie zählt rund achtzig Familien mit dreihundert Mitgliedern und gehört der Union progressiver Juden in Deutschland an.

Tom Kučera wurde in Tschechien geboren, er schloss das Biochemiestudium in seiner Heimat und Deutschland mit der Promotion und seine jüdischen Studien mit dem Magistergrad an der Universität Potsdam ab. Dazwischen lagen Aufenthalte in den USA und in Jerusalem. Ein Gespräch mit ihm über »Respekt« gestaltet sich ausgesprochen kurzweilig: Religiöse Abhandlungen wechseln sich ab mit Anekdoten und Witzen, die in den Vorgesprächen festgelegte Stunde Interviewzeit vergeht im Nu.

»Mein erstes intensives Erleben von Respekt außerhalb der Familie: Das war 1989, während der ›Samtenen Revolution‹, nach dem nahezu gewaltfreien politischen Systemwechsel der Tschechoslowakei vom Realsozialismus zur Demokratie. Aufgewachsen in einem kommunistischen Land, war ich es gewohnt, meine Gedanken für mich zu behalten. In den Wochen nach der Revolution erlebte ich jedoch eine Gesellschaft, in der plötzlich Respekt gelebt wurde. Die Menschen halfen sich gegenseitig, gingen achtsam miteinander um, es war eine beeindruckende Erfahrung. Doch schon bald schlug die Stimmung wieder um, der Aufbau einer kapitalistisch orientierten Ordnung begann – es war schwer, sich an einem Respekt-Modell zu orientieren.«

Respekt im jüdischen Glauben

Rabbi Kučera definiert drei Begriffsinterpretationen, basierend auf dem Talmud, der bedeutendsten Quelle des rabbinischen Judentums mit dreiundsechzig Traktaten:

1. Respekt = »gute Manieren«. Ohne gute Manieren kein Respekt. Respekt kann man niemandem beibringen, man kann ihn nicht in die Herzen einpflanzen. Aber gute Manieren kann man lernen, mit denen dann hoffentlich Respekt spontan entstehen kann.

2. Respekt = »gut gemacht«! Im Sinne von »Ehre, wem Ehre gebührt« – der hebräische Ausdruck dafür ist: »Die ganze Ehre!« (kol ha-Kawod). Wenn jemand etwas Ungewöhnliches geleistet hat, zum Beispiel in seinen übervollen Terminkalender noch einen Krankenbesuch hineingequetscht hat: Respekt vor der Tat! Oder wenn sich ein Schüler für einen wichtigen Test noch innerhalb einer Nacht erfolgreich vorbereitet hat: Dafür hat er Respekt verdient.
Im Judentum wird das Gebot »Ehre den Vater und die Mutter« erweitert durch: »Ehre den Lehrer!« Denn: Wenn ich in mir aufnehme, was mir mein Lehrer sagt, und wenn ich es umsetze, dann mache ich die Gesellschaft besser. Die Gesellschaft braucht Bildung.

3. Respekt beinhaltet aber auch Toleranz. Der Talmud sagt, der Mensch unterscheidet sich durch die Stimme, durch

das Aussehen und durch die Meinung, aber alles muss toleriert werden.

Der Wortstamm »s-w-l« des hebräischen Wortes für Toleranz (Sowlanut) führt zu dem Wort »Leiden« (Sewel). Es ist in der Tat nicht einfach, Respekt zu zeigen; man muss sich bemühen, Zeit und Energie investieren und seine bequeme »Komfortzone« verlassen, auf den anderen zugehen. Das hebräische Wort für Geduld ist »Sawlanut« – nur ein Buchstabe Unterschied zu »Sowlanut«, Toleranz. Zwischen diesen beiden Werten besteht deshalb ein enger Zusammenhang.

Toleranz gegenüber der Vielfalt der anderen Überzeugungen – das bekommt im Judentum eine noch größere Bedeutung als in anderen Religionen: Die Meinungsverschiedenheit ist ein wesentliches Merkmal der jüdischen Lehre. Verschiedene Standpunkte lebhaft und auch kontrovers zu diskutieren – was von Angehörigen anderer Glaubensrichtungen oft mit Erstaunen oder gar Ablehnung zur Kenntnis genommen wird – ermöglicht ein tieferes Verständnis für die Debatte und natürlich auch der Religion.

Ein Beispiel, mit Augenzwinkern erzählt von Tom Kučera: »Ein zerstrittenes Ehepaar kam zu einem Rabbi und seinem Schüler. Der Rabbi hörte sich erst den Standpunkt der Frau an und sagte ihr: Du hast recht. Dann den des Mannes und sagte wiederum: Du hast recht.

Als die beiden gingen, wandte sich der Schüler empört an den Lehrer: Wie kannst du beiden recht geben? Das geht doch nicht! Darauf sagte der Rabbi freundlich zu ihm: Du hast recht.«

Rabbi Kučera lacht: »Man sagt nicht umsonst: Ein Jude, zwei Meinungen. Es gibt den Witz über den schiffbrüchigen Juden, der sich auf eine Insel retten konnte. Als er endlich gefunden wird, sieht man, dass er sich in der Zwischenzeit zwei Synagogen gebaut hatte. Warum das? Antwort: In die eine Synagoge gehe ich. Die andere habe ich gebaut, um nicht hineinzugehen.«

Respekt gegenüber anderen Religionen

Das Judentum als monotheistische Religion sagt, es gibt nur einen Gott, aber mehr als eine Religion. Für die Angehörigen des jüdischen Volkes gelten die 613 Gebote und Verbote der Tora – alle anderen Menschen jedoch können, wenn sie die sieben »Noachidischen Gebote« befolgen, ebenfalls »Anteil an der kommenden Welt« (Olam haba) erhalten.

Die Noachidischen Gebote sind ein allgemeines religiöses und ethisches Recht für alle Menschen, unabhängig von jeder Religion oder staatlichen Ordnung: Verbot von Gotteslästerung, Götzenanbetung, Mord, Diebstahl, Ehebruch, der Brutalität gegen Tiere, Einführung von Gerichten als Ausdruck der Wahrung des Rechtsprinzips.

Während seines Biochemiestudiums in Amerika arbeitete Tom Kučera in einem Labor mit einem Christen – genauer: einem Baptisten – zusammen. »Wir diskutierten über Religion, und er sagte zu mir, mit meinem Glauben würde ich nach meinem Tod ganz bestimmt nicht in die andere Welt aufgenommen werden. Wie ich darauf reagiert habe?

Ich habe mich gar nicht erst darüber geärgert. Weil ich mir ausgemalt habe, wie schockiert er sein wird, wenn er eines Tages in der kommenden Welt eintrifft und mich dort vorfinden wird.«

Eine weitere Geschichte – für Rabbi Kučera steht sie dafür, wie Religionen miteinander umgehen sollten, nämlich voller Respekt:

»Es geschah einmal, dass Rabbi Simeon ben Schettach von einem Araber einen Esel kaufte. Da kamen seine Jünger und fanden, dass ein Edelstein vom Halse des Esels hing. Sie sprachen zu ihrem Lehrer: Rabbi, hier bewähren sich doch die Sprüche Salomos: Der Segen des Herrn macht reich. Er antwortete: Den Esel habe ich gekauft. Den Edelstein habe ich nicht gekauft. Er ging dann und gab dem Araber den Edelstein zurück. Der Araber aber rief aus: Gelobt sei der Herr, der Gott von Simeon ben Schettach.«

Und noch ein Blick zurück in die jüdische Geschichte zum Thema Respekt: Im ersten Jahrhundert existierten die beiden Denkschulen der Rabbiner Hillel und Schammai, die kontroverse Standpunkte vertraten. Als Sieger der oft hitzig geführten Debatten wurde fast immer Rabbi Hillel genannt. Warum? Weil er in seinen Diskussionen stets als Erstes den Standpunkt von Schammai ausführlich würdigte, bevor er seine eigene Meinung vertrat. Damit gewann er den Respekt der Zuhörenden.

Es gibt im jüdischen Glauben die Vorstellung der »Siebzig Gesichter der Tora«, was heißen soll, dass es unendlich viele Möglichkeiten gibt, Bibel-Textstellen zu interpretieren. Rabbi Kučera: »Jeder kann sich ein anderes Gesicht heraussuchen und versuchen, die anderen davon zu überzeugen, dass er recht habe. Natürlich wird er in der Diskussion gewinnen, seine Vorstellungen durchsetzen wollen, das ist in Ordnung. Aber er darf trotz aller Schärfe nie vergessen, dabei Toleranz und Respekt zu zeigen. Nur das ist der richtige Weg.«

Selbstrespekt

Selbstrespekt basiert auf den Erkenntnissen:

- Ich bin ein Mensch, ich habe Würde.
- Ich bin prinzipiell gleichwertig.
- Ich habe ein Recht auf freie Entfaltung.
- Ich stehe für meine Überzeugungen ein.

Interessanter Nebenaspekt: Wer sich selbst respektiert, muss nicht mehr darum kämpfen, von jedem anerkannt oder geliebt zu werden. Seltsamerweise scheint man sogar mehr Liebe und Anerkennung von anderen zu bekommen, wenn man sie nicht mehr nötig hat.

- Ein Gespräch mit Mike Kuhr, ehemaliger Kickboxer und Besitzer einer bekannten Bodyguard-Agentur – darüber, wie man Respekt erlangen und Selbstrespekt ausstrahlen kann. Und wie man am besten mit Respektlosigkeit umgeht.
- Zum Abschluss neun Fragen zum Thema Selbstrespekt mit Antworten von Professor Dr. Dieter Frey, Inhaber des Lehrstuhls für Sozialpsychologie an der Universität München, seit 2007 auch Leiter des »LMU-Center for Leadership und People Management«. Der Träger

des Deutschen Psychologie-Preises (»Psychologe des Jahres«) forscht auf den Gebieten des Entscheidungsverhaltens in Gruppen, Teamarbeit, Führung, Erhöhung von Kreativität und Motivation und setzt sich für den Transfer zwischen Wissenschaft und Praxis ein.

Wie verschaffe ich mir Respekt, und welche Rolle spielt mein Selbstvertrauen?

Ein Gespräch mit Mike Kuhr

Selbstrespekt bedeutet Arbeit am eigenen Selbstbewusstsein

Michael Kuhr betritt die Hotelhalle wie ein Admiral die Kommandozentrale seines Schiffes: aufrecht, durchgedrücktes Kreuz, schneller Schritt, siegesgewiss. Oder, besser noch, wie James Bond: wie 007, der unbekanntes Terrain sichert und dabei seine Umwelt lehrt, mit wem sie es zu tun hat. Ein kleiner, durchtrainierter Mann mit rasiertem Kopf und unbewegter Miene, nur die Augen scannen unablässig den Raum. »Herr Kuhr?« Er fixiert mich, keine Reaktion, ein kurzer spannungsgeladener Moment. Vielleicht entwaffnet ihn ein strahlendes Lächeln? Das Gesicht bleibt ernst, doch immerhin, nun spricht er: »Wir duzen uns. Ich bin Mike.« Mike dreht sich um und geht zielbewusst voran in die hintere Ecke der Halle. Hier, entscheidet er, wird das Interview stattfinden. Und: »Wir sollten uns gegenübersitzen.« Er nimmt Platz, die braune Lederjacke behält er an, das Handy legt er neben sich. »Was möchtest du trinken?« Einen frischen Orangensaft, sagt er: »Aber ohne Ketchup.« Wie bitte?

Was war das denn? Welch ein irritierender Gesprächsbeginn. »Das war ein Witz!« Ein großes Lachen auf der anderen Seite des Tisches beendet die Kennenlernphase. Mike Kuhr hat das Terrain sondiert, seinen Status fixiert, den gewünschten Respekt errungen. Nun kann es von ihm aus locker weitergehen.

Respekt ist eines der Zentralthemen im Leben des 1962 geborenen fünffachen Profi-Weltmeisters im Kickboxen. Als er mit dem damals gerade erst aus Amerika herübergekommenen Sport begann, gab es noch keine Jugendklasse – der eher klein gewachsene Schüler aus Wedding trat gleich gegen die Großen an und erntete Mitleid und Spott. Bis zu den ersten Siegen. Aus dem kleinen Michael wurde der große Mike. Aber selbst als weltweit anerkannter Champion musste er sich später, als er als Chef der »Kuhr-Security« zum gesuchten Bodyguard, dem »Schatten der Stars«, und zum »kompromisslosen Türsteher« wurde, erst noch einmal Achtung erringen – den Respekt der kriminellen Cliquen und Clans der Hauptstadt.

»Wie macht man das, Mike, Respekt erringen?« Bevor er antworten kann, klingelt das Handy. Zum Telefonieren stellt er sich an den Tresen nebenan, er gestikuliert, die Jacke verrutscht, ein Halfter mit einer 9-Millimeter-Glock-Pistole wird sichtbar. Der Job von Mike Kuhr und seiner schwarz gekleideten Truppe ist es, Prominente wie Angelina Jolie, 50 Cent, Usain Bolt oder Lady Gaga zu begleiten. Aber auch die härtesten Disko-Türen der Stadt oder die gefährdeten Gebäude Berlins zu bewachen. Er kehrt an den Tisch zurück. »Sorry, Business. Musste sein.« In den folgenden zwei Stunden werden wir zuverlässig alle zehn Minuten vom Telefonklingeln unterbrochen werden. Am nächsten Tag erfahre ich aus der Zeitung, worum es ging: »Der Rapper Kay One, der sich von seinem ehemaligen Freund und Rapper-Kollegen Bushido und einer libanesischen Großfamilie losgesagt hat, steht nun nach Morddrohungen im Zusammenhang mit seinen Berliner TV-Aufzeichnungen unter ständigem Personenschutz.« Aha. Und diesen Schutz bietet Mike. Big Business, indeed. Vielleicht nicht unklug, die Pistole immer bei sich zu haben.

Neuer Anlauf. »Also, wie war das mit dem Respekt damals, als du klein warst?«

Begonnen hatte alles im Kino. Oben auf der Leinwand machte Bruce Lee, »The King of Kung Fu«, zehn Leute auf einmal platt, und unten im Saal saß der Schüler Michael und glaubte alles, was er sah. In ihm wuchs ein Riesenrespekt vor dem berühmten Martial-Arts-Star, so stark und schnell wollte er auch werden. Der Vater sagte Nein zu den Plänen des Sohnes, die Mutter sagte Ja und unterschrieb den Vertrag mit dem Sportstudio, gleich in der Weddinger Nachbarschaft. Mike begann mit Taekwondo, stieg dann schnell um auf das gerade neu etablierte Kickboxen und legte einen solchen Ehrgeiz an den Tag, dass der Trainer gar nicht anders konnte, als den kleinen Neuen nach Kräften zu fördern. »Ich wollte unbedingt der Beste sein. Ich war selbst überrascht über meine Fähigkeiten.« Ein Foto aus jenen Tagen zeigt einen Jungen mit langen Haaren und weichem Gesicht, der freundlich in die Kamera lächelt – ein genauer Gegenentwurf zu dem Mike Kuhr von heute. »Ja, das war eine interessante Entwicklung. Im Training gab es immer wieder Bessere als mich, Größere sowieso. Aber während die in den Kämpfen immer wieder ihre Nerven verloren, zog ich eisern meine Kämpfe durch. Das war es, was mich auszeichnete.« Irgendwann versagten aber auch dem jungen Mike einmal die Nerven. In Florida, mit sechzehn Jahren, bei seiner ersten Weltmeisterschaft. Sein Gegenüber im Endkampf war ein zehn Jahre älterer Engländer. »Zum ersten Mal hatte ich richtig Angst. Mein Gegner hatte auf dem Weg ins Finale alle k.o. geschlagen.« Mike rannte die ganze Zeit nur vor ihm weg, was eindeutig nicht die richtige Taktik war: Punktsieg für den Älteren. Ein Jahr später stand er bei den Europameisterschaften wieder diesem Angstgegner gegenüber. Diesmal lief er nicht davon: »Die Angst war weg, ich aber war inzwischen viel besser geworden.« Respekt war geblieben, Furcht dagegen systematisch bekämpft worden – durch Arbeit am eigenen Selbstbewusstsein. Mike Kuhr wurde Europameister und sammelte fortan als Deutschlands erfolgreichster »Leichtgewicht Full-Contact-Kick-Boxer« Titel über Titel.

Sind das die richtigen Wege, um respektiert zu werden? Angst bekämpfen, Selbstsicherheit durch perfekte Vorbereitung und kluges Analysieren der Situation? »Genau.« Mike lehnt sich zufrieden auf der Bank zurück. Zum Beispiel sein Team: »Ganz wichtig, wie meine Leute mit dem Thema Respekt umgehen! Ich muss ja beim Personenschutz dafür geradestehen können, dass alles perfekt läuft.« Ein Bodyguard kommt seinem Schützling so nah wie sonst kaum jemand: Er kennt dessen Intimsphäre, dessen Stärken und Schwächen, dessen Umfeld, oft auch dessen Geheimnisse. Respekt muss unter diesen Voraussetzungen unbedingt erhalten bleiben, sonst funktioniert der Kontakt mit der »Schutzperson« nicht.

Woran erkennt man in einem kurzen Casting, ob der Kandidat für das »Kuhr-Security-Personal« ein respektvoller Mensch ist? In der Internet-Ausschreibung werden neben Englisch-Kenntnissen, Kampfsport-Ausbildung, mindestens 1,75 Meter Körpergröße und Führerschein Klasse 3 auch »sehr gute psychische Voraussetzungen« verlangt – sitzt also in der Jury neben Mike auch ein Psychologe, der hinter die Fassade des Bewerbers schaut? Mike prustet los: »Das schaffe ich schon selbst.« Er habe einen scharfen Blick dafür, wie selbstbewusst der Kandidat auftritt, ob er Blickkontakt hält, im Gespräch überzeugen kann oder spezielles Fachwissen hat. Und dann gibt es zum Schluss noch den ganz besonderen Mike-Kuhr-Bodycheck. »Ich frage jeden, wie es mit einem kleinen Sparring wäre. Und fast alle sagen immer ganz erschrocken, ne, ne, lass mal, Mike, du bist Weltmeister, gegen dich habe ich sowieso keine Chance.« Erst einer hat es bisher gewagt, hat die Herausforderung angenommen und tatsächlich seinen zukünftigen Chef besiegt. Hinterher war die Stimmung zwischen den beiden besser als vorher: »Der hatte sich meinen Respekt verdient.«

Gute Selbsteinschätzung, fällt ihm nun noch zum Thema Respekt ein, und richtige Selbstbeherrschung. »Vor allem als Türsteher kann man leicht die Nerven verlieren, wenn man geschubst und beschimpft wird. Aber bei allem Verständnis – zuschlagen, nein, no way! Ich weiß, dass es schwierig ist, sich zu beherrschen, aber das kann man lernen.« Man könnte sich – auch wenn man selbst durch die Tür will – zum Beispiel Mike Kuhr zum Vorbild nehmen: immer unbewegtes Gesicht, immer betont gelassen und kühl, immer mit Blickkontakt. »Ganz wichtig: fest in die Augen schauen! Wenn mich jemand bei der Begrüßung nicht anguckt, dann empfinde ich das als respektlos: Hey, schau mich an, Mann!« Mike ist in seiner Truppe bekannt dafür, dass er kritische Situationen mit Worten in den Griff bekommt. »Ich nehme mir den Typen beiseite und rede und rede und rede auf ihn ein, voll auf ihn fokussiert, immer mit Blickkontakt. Das klappt.«

Nur zur Not ist dann auch noch die Pistole da, die er als Türsteher aber erst zweimal ziehen musste. Beide Male fiel dann letztendlich doch kein Schuss.

Und wie kriegt er die Angst in den Griff? Oder hat er keine? »Doch, natürlich! Angst nehme ich sehr ernst. Ich habe einen siebten Sinn dafür entwickelt, wenn es gefährlich wird: Das Adrenalin pumpt, mein Herz schlägt schneller, mein Körper ist in Alarmbereitschaft. Nach außen aber werde ich noch ruhiger.«

Mike ist seit Kurzem Vater eines kleinen Sohnes. »Wie wirst du ihn zu einem respektvollen Menschen erziehen?« Zum ersten Mal muss Mike länger nachdenken, er sucht nach den richtigen Worten. »Respektieren – das heißt doch auch, einen Menschen zu akzeptieren? Selbst wenn man ihn nicht mag. Mein Sohn sollte nie abfällig über andere reden, nie von oben herab handeln. Er sollte Sport treiben, damit er körperliches Selbstbewusstsein entwickelt – Kampfsport, Fußball, das muss er selbst entscheiden. Ich würde ihm beibringen, dass man kein Feigling ist, wenn man sich zurückzieht. Bruce Lee hat mal gesagt: Gewinne einen Kampf, ohne zu kämpfen! Und ich würde ihm Respekt vor Waffen beibringen: Eine falsche Bewegung nur, und man ist weg, das ist nicht wiedergutzumachen.«

Das Telefon klingelt, Mike springt auf. Zeit zu gehen. Ein kräftiger Händedruck, ein tiefer Blick in die Augen, ich halte stand und blicke konzentriert zurück. Kein Lächeln. Der Admiral verlässt schnellen Schrittes den Gefechtsstand. Neuer Einsatz für James Bond. Berlin braucht ihn.

Was ist Selbstrespekt? – Ein Diskurs

Ein Gespräch mit Prof. Dr. Dieter Frey

Begriffsdefinition: Was ist der Unterschied zwischen Selbstrespekt und Selbstbewusstsein?

Es gibt in der Psychologie zwei Bedeutungen für Selbstbewusstsein: einmal im Sinne von »self awareness«, also *Selbstaufmerksamkeit* oder *Selbstfokussierung*. Das heißt: Das Selbst ist Gegenstand der Aufmerksamkeit, man konzentriert sich auf sich selbst und nicht auf die Umgebung. Durch Meditation kann man zum Beispiel die Selbstfokussierung erhöhen. Und zweitens im Sinne von *Selbstevaluation/Selbstwert*, also wie man bestimmte wichtige Aspekte des Selbst bewertet. Wobei hier wiederum unterschieden wird zwischen dem *allgemeinen* und dem *spezifischen* Selbstwert.

Der *allgemeine* Selbstwert – darunter wird das Selbstbewusstsein verstanden – drückt aus, welches Vertrauen man zu sich hat und welchen Wert man sich zuschreibt. Dieser Selbstwert ist in der Regel ein sehr stabiles Konstrukt, wobei Menschen sich untereinander in der Höhe ihres Selbstwertes stark unterscheiden können. Ist der Selbstwert zu gering (totale Unterschätzung) oder zu hoch (totale Überschätzung), kann das auch negative Konsequenzen haben.

Daneben gibt es noch den *spezifischen* Selbstwert. Dieser bezieht sich nur auf Dimensionen, die einem besonders wichtig sind: Man ist ein guter Musiker, ein kreativer Mensch, ein herausragender Sportler.

Oft spielt der *spezifische* Selbstwert eine entscheidende Rolle bei der Ausprägung des *allgemeinen* Selbstwerts: Ich kann mit Selbstvertrauen auftreten, weil ich um meine besonderen Fähigkeiten weiß.

Selbstrespekt und Selbstbewusstsein ähneln sich. *Selbstbewusstsein* ist letztlich das Vertrauen, das Selbstvertrauen, das man zu sich hat (aus den unterschiedlichsten Gründen). *Selbstrespekt* ist die Achtung, die man vor sich hat: Kann man mit erhobenem Haupt und letztlich mit breiter (aber nicht zu breiter) Brust vor dem Spiegel oder den Mitmenschen stehen?

- Man kann ein sehr *hohes Selbstvertrauen* haben: weil man bestimmte Fähigkeiten hat, zum Beispiel die, andere Menschen um den Finger zu wickeln. Und gleichzeitig einen *niedrigen Selbstrespekt*, weil man sich selbst eingestehen muss, dass man eigentlich ein Blender ist.
- Umgekehrt kann man ein sehr *geringes Selbstbewusstsein* haben: Wenn man nur Niederlagen und Misserfolge erleidet, weil man sich zum Beispiel ehrlich verhalten, nicht geschummelt hat. Und gleichzeitig einen *hohen Selbstrespekt*, weil man sich sagen kann: Ich bin nicht käuflich, ich kann mir im Spiegel in die Augen schauen. Unter diesen Bedingungen kann ein hoher Selbstrespekt auch das Selbstbewusstsein (= den Selbstwert) wieder verbessern,

weil man sich sagt: Ich lasse mich nicht unterkriegen! Ich habe bestimmte Kräfte und Fähigkeiten, die mich unabhängig machen von der Bewertung anderer oder von externen Erfolgen!

- Man kann sich aber auch dann selbst respektieren, wenn man einen *niedrigen spezifischen Selbstwert* hat. Wenn man sich zum Beispiel auf einem bestimmten Gebiet absolut schwach fühlt (Sport, Mathematik, Musik) und sich dann sagt: Okay, das ist so, das gehört zu meiner Person und meiner Identität.

Was heißt Selbstrespekt?

Zum Selbstrespekt gehört zunächst Selbstkenntnis: Wer bin ich? Was kann ich? Was will ich? Also sehr viel Selbstreflexion. Sowohl seine Stärken zu kennen als auch seine Grenzen, das sind wichtige Aspekte, um mit sich selbst »einig« zu sein und sich weiterentwickeln zu können.

Im weitesten Sinn geht es um die Würde des Menschen, angefangen bei der eigenen Person. Bereits Immanuel Kant hat im 18. Jahrhundert als einer der ersten westlichen Philosophen Respekt, sowohl gegenüber anderen Personen als auch gegenüber sich selbst, gefordert: »Alle Personen haben eine Würde, die unter allen Umständen und zu jeder Zeit respektiert werden muss.« Das ist eigentlich der Kern des modernen Humanismus. Kant fordert: »Bediene dich deines eigenen Verstandes«, »Sei mündig«. Das ist letztlich nichts anderes als »Zeige Selbstrespekt; lass dich nicht unterdrücken von jeglicher staatlicher, oder religiöser, Autorität«.

Dazu gehört auch: Sich selbst mögen! Sich selbst verzeihen! Sich selbst gut Freund sein können und wollen! Sich nicht permanent infrage stellen und nur in Zweifeln denken! Zum Selbstrespekt gehört auch ein gesunder Egoismus, im Sinne von: Haushalten mit den eigenen Kräften, sich nicht zu sehr verausgaben, sich nicht für alle Themen dieser Welt zuständig fühlen, sondern zu priorisieren.

Selbstrespekt im Sinne von Selbstachtung hat zudem viel mit *Achtsamkeit* zu tun – auch gegenüber seinem Körper und seiner Körperhaltung: Wie geht es mir? Welche Signale sendet mein Körper?

Die Weisheitsforschung besagt zudem, dass solche Personen reifer und weiser sind, die das Hamsterrad des Alltags anhalten und reflektieren: Ist das mein Leben? Führe ich es richtig? Was lief gut? Was lief nicht gut? Wie kann ich mich verbessern? Auf was muss ich achten? Auf das eigene Wohlbefinden zum Beispiel, denn wenn man selbst nicht fit ist, kann man letztlich auch anderen nicht helfen.

Ebenso wichtig ist die Frage nach dem *Sinn*: Macht das, was ich tue, Sinn? Warum und wozu mache ich das? Kann ich das in etwas größeres Ganzes einbetten? Menschen haben mehr Selbstrespekt, wenn sie die Sinnfrage beantwortet haben oder das, was sie machen, ohnehin für selbstverständlich erachten. Vielen Menschen hilft bei der Sinnsuche auch die Religion oder Spiritualität weiter. Beide Weltanschauungen unterstützen nicht nur dabei, sich selbst im Blick zu haben, sondern auch dabei, das große Ganze zu sehen.

Dadurch relativieren sie die eigene Vergänglichkeit und spenden Trost und Hilfe bei den Verlusten und dem Leid des Lebens. Außerdem bieten sie einen Kompass im Leben, im Sinne von Werten, Normen und Spielregeln des Umgangs. Sie können helfen, das eigene Leben gut zu führen, also es sinnvoll zu gestalten, sodass es am Ende »Sinn« ergibt.

Ein gutes Beispiel für eine Person mit hohem Selbstrespekt ist Viktor Frankl, der berühmte Philosoph und Sinntheoretiker. Frankl war als Jude im Konzentrationslager in Auschwitz, und er sagte, dass man auch bei solchen traumatischen Ereignissen den Selbstrespekt nicht verlieren darf. Dass man vielmehr auch in schwierigen Situationen immer versuchen solle, den Sinn zu erkennen: Was bedeutet dieses Ereignis für das eigene Leben? Was kann man ihm abgewinnen? Gelingt einem diese Reflexion, kann laut Frankl sogar so etwas Tragischem wie einem KZ-Aufenthalt subjektiver Sinn abgewonnen werden. Gleichzeitig sagte Viktor Frankl auch: »Ich habe kein Anrecht auf den nächsten Tag.« Das heißt: Ich muss dankbar sein für das, was ich habe, und nicht über das jammern und klagen, was ich nicht habe.

Wenn man mit dieser Demut durchs Leben geht, kann man sich auch bei extremen Misserfolgen, Niederlagen, traumatischen Erlebnissen in die Augen schauen. Man wird sich selber nicht aufgeben.

Ein weiteres Beispiel kann dieses veranschaulichen: Es gibt Menschen, denen schreckliche Schicksalsschläge widerfahren, zum Beispiel Querschnittslähmungen, Krankheiten. Die davon Betroffenen verlieren aber nicht den Lebensmut, sondern schöpfen neue Kraft aus ihrer Krankheit, indem sie

sie als ihre persönliche Herausforderung sehen und beim Umgang mit dieser Herausforderung daran wachsen. Dies wiederum stärkt den eigenen Selbstrespekt. Oftmals haben jene Menschen einen höheren Selbstrespekt als Menschen, deren Leben bisher bilderbuchhaft verlaufen ist. Im Extremfall wird ein bis dahin mittelmäßiger Sportler, der bei einem Unfall ein Bein verliert, im Anschluss ein herausragender Paraolympionik oder ein Botschafter für Menschen mit Behinderung. Entscheidend für den Erhalt von Selbstrespekt ist die Einstellung, die man hat. Gegenüber sich selbst, aber auch gegenüber seiner Umwelt.

Man kann sich nur wünschen, dass viele Menschen von diesen Ideen lernen, dass sie jenseits von externen Ereignissen so etwas wie einen inneren Halt, ein Wertegerüst, einen positiven Sinn, Stolz oder Selbstwert haben, damit sie nicht daran zugrunde gehen. Natürlich wird es auch bedeuten, dass diese Menschen sich mit der Endlichkeit beschäftigen und dass ihnen immer bewusst ist: Das Leben hat einen Anfang und ein Ende. Dies werden dann vermutlich auch Menschen sein, die in Würde sterben werden und sterben wollen.

Wann entsteht Selbstrespekt?

Selbstrespekt kann streng genommen in jeder Lebensphase entstehen. Es fängt schon bei kleinen Kindern an mit ihrem kindlichen Narzissmus, ihrem Selbstvertrauen oder ihrem Ego: Wenn das nicht gebrochen wird, kann sich ein selbst-

ständiges Wesen entwickeln. Oft zeigt das Kind eine Trotz-
haltung, wenn es sich zu sehr eingeengt fühlt – was durchaus
auch als ein Zeichen von Selbstrespekt interpretiert werden
kann: Es möchte sich nicht alles gefallen lassen.

Selbstrespekt kann aber auch erst in einer mittleren oder
späteren Lebensphase entwickelt werden – dann, wenn man
durch die gemachten Erfahrungen immer mehr Vorstellungen davon bekommt, was einem das Selbst wert und was
einem wichtig ist.

Sowohl ein *gesunder* Narzissmus, ein *gesundes* Selbstvertrauen und auch ein *gesundes* Ego sind gute Voraussetzungen für die positive Entwicklung des Selbstrespekts. Man
muss sich selber kennen, seine Stärken wie seine Schwächen, muss an sich selber glauben, insbesondere auch an
bestimmte Dinge, die einem niemand wegnehmen kann.

Welche Rolle spielt die Erziehung?

Menschen können glücklich sein, wenn sie schon in der frühen Kindheit von Eltern positiven Zuspruch und Selbstbe-
stärkung erhalten haben: Du bist wertvoll, du bist wichtig,
du bist gut. Sind die Kinder in einem Umfeld voll sozialer
Wärme (Zuwendung, Unterstützung) statt sozialer Kälte und
Rücksichtslosigkeit aufgewachsen, ist bereits der Grundstein
für die Entwicklung von Selbstrespekt gelegt. Konsistenz
statt Inkonsistenz, also Berechenbarkeit statt Unvorher-
sagbarkeit. Konsequenz statt Inkonsequenz, also dass das
Kind lernt, dass sein Fehlverhalten eine Konsequenz haben

wird – und sei es nur, dass es von seinen Eltern, Großeltern, Geschwistern darauf hingewiesen (»gespiegelt«) wird. Und schließlich Gebotsorientierung statt Verbotsorientierung, das heißt, dass man in Optionen denken darf und Freiheitsräume hat, statt permanent eingeengt zu werden.

Erziehung im Sinne sozialer Wärme, Konsistenz, Konsequenz und Gebotsorientierung bewirkt emotionale Stabilität und ist damit eine wichtige Voraussetzung für Selbstrespekt.

Gleichzeitig sollten Eltern darauf bedacht sein, dass keine Überbehütung stattfindet. Denn nur, wenn Kinder Freiheiten und einen gewissen Grad an Autonomie haben, können sie sich auch entwickeln und Selbstwirksamkeit erfahren, das heißt merken, dass sie mit ihren Handlungen etwas bewirken können. Es ist wichtig, dass Kindern nicht alle schwierigen Aufgaben abgenommen werden. Erst durch das Erleben von Selbstwirksamkeit und der Erfahrung, dass man aus eigener Kraft etwas erreichen und Hürden meistern kann, wird Selbstrespekt entstehen. Dabei geht es nicht darum, immer und überall der oder die Beste zu sein. Manchmal erwächst Selbstrespekt auch daraus, dass man beispielsweise einen schwächeren Schüler in das eigene Sportteam aufnimmt. Der erste Platz wird dadurch womöglich nicht erreicht, aber mit dem Wissen, jemandem eine große Freude gemacht und das »Richtige« getan zu haben, wird der eigene Selbstrespekt wachsen.

Wie wichtig ist Selbstrespekt?

Es gilt die Aussage: Wer sich selbst nicht respektiert, braucht sich nicht wundern, wenn er auch von anderen nicht respektiert wird.

Selbstrespekt bewirkt, dass man aufrecht und geradlinig durch die Welt gehen kann. Man findet damit auch leichter Freunde, Partner, Arbeit. Man wird seltener zum Opfer, weil man für seine Rechte eintritt und kämpft. Man weiß, man hat ein Anrecht auf dieses oder jenes, und man muss sich nicht alles gefallen lassen.

Wer sich selbst respektiert,

- der wird sich auch verzeihen können
- der wird sein eigener Freund sein
- der wird zu seiner Individualität stehen und damit auch eine private und soziale Identität haben
- der wird dankbar sein für das, was er hat, statt darüber zu grübeln, was er nicht hat.

Insofern ist ein gesunder Selbstrespekt ganz entscheidend dafür, mit sich selbst eins zu sein und auch besser mit Niederlagen umzugehen, weil im Extremfall nach Überwindung von Verzweiflung sozusagen als »Belohnung« eine gewisse Gelassenheit gegenüber den Problemen des Alltags stehen kann. Ein Beispiel: Man ist verzweifelt, weil man nicht in eine Clique aufgenommen wird, deren Teil man unbedingt sein möchte. Andererseits ist man aber auch nicht bereit, bestimmte, in dieser Clique übliche Dinge zu tun, die man persönlich für nicht korrekt hält – z. B. über andere herziehen. Diese Verzweiflung kann sich in Gelassenheit verwandeln, man wird sich mit der Niederlage abfinden und sagen: Dann ist es eben so! Ich werde mich nicht verbiegen.

Selbstrespekt ist nicht nur für mich persönlich wichtig, sondern auch für unsere Gesellschaft. Bei gesundem Selbstrespekt kann Empörung entstehen, wenn man sich schlecht behandelt fühlt oder wenn man beobachtet, dass andere schlecht behandelt werden. Diese Art von Ungerechtigkeit ist der Motor, dort Zivilcourage zu zeigen, wo Menschenwürde verletzt wird.

Der Selbstrespekt kann also eine Motivation sein, gegen bestimmte Dinge anzukämpfen, die nicht korrekt sind, aber gleichzeitig auch eine Motivation, das Feld zu verlassen, wenn man sieht, dass man Dinge nicht verändern kann.

Was sind die Gefahren von Selbstrespekt?

Wer einen gesunden Selbstrespekt hat, kann auch anderen respektvoll gegenübertreten. Er wird gelassen und selbstsicher auftreten, er muss anderen nicht unbedingt etwas beweisen.

Es gibt aber auch den *übersteigerten Selbstrespekt*, mit dem man sich selbst im Weg steht: Man reagiert sehr empfindlich, egozentrisch oder narzisstisch und ist nicht in der Lage, nicht optimal laufende Dinge auszuhalten. Übersteigerter Selbstrespekt kann zu respektlosem Verhalten führen, weil der Betroffene im Sinne einer narzisstischen Grundidee glaubt, Anspruch auf permanente Bewunderung zu haben.

Zu geringer Selbstrespekt bewirkt andererseits, dass man wie gelähmt ist und Dinge mit sich geschehen lässt, weil man ohnmächtig ist und sich quasi in sein Schicksal fügt. Man ist Reagierender, aber nicht mehr Agierender und hat oft nicht die Kraft aufzustehen. Menschen, die ihren Selbstrespekt verloren haben, laufen Gefahr, dass sie alles mit sich machen lassen. Ebenso kann aber auch ein niedriger Selbstrespekt bewirken, dass man unsensibel dafür ist, wie man sich gegenüber anderen respektvoll verhalten sollte.

Es gilt, ein gesundes Gleichgewicht zwischen beiden Extremen zu finden. Eigene Vorstellungen zu entwickeln hinsichtlich des Selbstrespektes. Was will ich mir eigentlich gefallen lassen? Wo hören bestimmte Dinge auf, weil sie meinen Selbststolz verletzen? Aber es gibt auch hier die andere Seite: Manchmal ist es klüger, Diskussionen oder Situationen nicht überzubewerten und nicht aus falschem Selbststolz zu reagieren. Wie oft muss man gegenüber den eigenen Eltern, Geschwistern, Kindern, Freunden, Kollegen, dem Partner die Zähne zusammenbeißen, Kränkungen herunterschlucken, auch wenn der Selbststolz verletzt ist – weil man sich in diesem Moment sagt: Bestimmte Dinge muss man auch ertragen können.

Ganz wichtig beim Thema gekränkter Stolz ist folgende Handlungsempfehlung: Zunächst einmal reflektieren, ob das Gegenüber wirklich im Unrecht und ich selbst völlig im Recht bin. Die wenigsten Dinge sind nur schwarz-weiß, in der Regel gibt es auch noch eine Vielzahl an Grauschattierungen. Deswegen ist es wichtig, in Situationen, in denen man den eigenen Stolz gekränkt sieht, einen Perspektivenwechsel vorzunehmen und sich auch in das Gegenüber hineinzuversetzen.

Die Aufgabe ist, eine Balance zu finden zwischen dem, was man ertragen sollte und dem, wo man aus Selbststolz das Feld verlassen oder die Sache aktiv angehen sollte.

Wann verliere ich meinen Selbstrespekt?

Man verliert seinen Selbstrespekt, wenn man einerseits Selbststolz und Selbstwert hat, aber andererseits sieht, dass man es nicht schafft, entsprechend diesen Vorstellungen zu handeln. Man wehrt sich nicht gegenüber niederträchtigen Handlungen, Demütigungen, sondern bleibt angepasst, schmollt vielleicht, aber man steht nicht auf, weil man entweder nicht die Kraft oder den Mut hat gegenzusteuern. Beispiel: Ich bin in einer krank machenden, gewalttätigen Beziehung und schaffe es nicht, sie zu beenden.

Man verliert seinen Selbstrespekt auch, wenn man andere schlecht oder unfair behandelt, nur um sich selbst Vorteile zu verschaffen. Verletzt werden dadurch wichtige Aspekte von Menschenwürde, an die man eigentlich glaubt.

Noch schlimmer als das oben Genannte: Man lernt nicht aus dieser Art von Fehlern, sondern man gewöhnt sich an sie. Man schlittert quasi in diesen Zustand hinein, dass man sich Dinge gefallen lässt oder dass man Unrechtes tut, ohne dass die innere Korrektur – der Selbststolz – aktiviert wird. Das geht so weit, dass man nicht mehr in den Spiegel schauen kann, aber gleichzeitig nicht die Kraft und den Mut findet, Stoppsignale zu setzen: teilweise, weil es zu gefährlich ist, teilweise weil man, wie gesagt, es einfach nicht schafft.

Man verliert seinen Selbstrespekt, wenn man das Gefühl hat, käuflich gewesen zu sein und sich verbogen zu haben. Man stellt dann fest, dass man kein Rückgrat mehr hat. Es zeigt sich, dass man zwar erfolgreich sein kann, aber trotzdem jeden Selbstrespekt verloren hat.

Wie steigere ich meinen Selbstrespekt?

Durch die Anerkennung der anderen! Durch überragende Leistungen in der Arbeit! Durch die erfolgreiche Überwindung einer Krise! Durch das Aufziehen eines Kindes zu einem glücklichen, sich selbst respektierenden Erwachsenen!

Alle diese und noch viele andere Antworten gibt es auf die Frage, womit man seinen Selbstrespekt steigern kann. Zuvor jedoch müssen immer erst die »Basis«-Fragen gestellt und beantwortet werden, ohne die keine Weiterentwicklung des Selbstrespekts möglich ist: Wer bin ich? Was kann ich? Was will ich? Was muss ich? Was sind meine Stärken? Wo sind meine Schwächen? Wo sind meine Grenzen? Man sollte sein Anspruchsniveau kennen, es darf nicht zu hoch, aber auch nicht zu niedrig sein, wenn man damit realistische Erwartungen an sich und andere haben will.

Selbstrespekt und das Verhältnis zur Umwelt

Wenn ein Mensch ein Verhalten zeigt, das absolut unfair und respektlos ist, kann man nicht darüber hinwegsehen. Entscheidend aber ist, dass es respektvoll angesprochen wird. Man kann Menschen auch fair eine sehr kritische Meinung sagen. Aber häufig kommt es hier zu Loyalitätskonflikten.

Es gibt das Beispiel des Frankfurter Vizepolizeipräsidenten Wolfgang Daschner, der bei der Entführung des Bankiersohnes Jakob von Metzeler dem festgenommenen potenziellen Mörder körperliche Gewalt androhte, weil dieser den Aufenthaltsort des Kindes nicht preisgeben wollte. Daschner wurde deshalb später verurteilt, weil diese Aktion, mit der er den Tod des Buben verhindern wollte, nicht vereinbar mit der deutschen Verfassung war.

Man kann das Verhalten von Daschner, für dessen Selbstrespekt es unerträglich war, nicht alles für die Rettung des Kindes zu tun, richtig finden. Dann muss man aber auch akzeptieren, dass er bestraft wird, weil seine Gewaltandrohungen juristischen Aspekten widersprachen.

Wenn man sich selber respektlos gegenüber anderen verhalten hat, z. B. andere persönlich gekränkt oder beleidigt hat, gibt es mehrere Möglichkeiten, darauf zu reagieren: mit Scham, mit einem Schuldanerkenntnis, mit dem Versprechen auf Wiedergutmachung, mit Reue, mit der Bereitschaft, daraus zu lernen. Wichtig ist, durch Selbstreflexion den richtigen Weg zu finden.

Danke!

Diesmal ist es mir noch wichtiger als sonst, mich bei meinen beiden Lektorinnen für ihre Unterstützung zu bedanken! Danke, liebe Gabriele Leja, für die vielen intensiven, guten Gespräche über Respekt und darüber, wie man ein Thema wie dieses in einem Buch wie diesem unterbringen kann. Danke, liebe Julia Malik, für die wertvollen Anregungen und das engagierte Auseinandersetzen mit jedem einzelnen Text! Wenn eine Zusammenarbeit das Prädikat »respektgetragen« verdient, dann war das unsere Dreierrunde.

Danke an den wunderbaren Peter Schössow, dessen Entwurf für den Titel mir zunächst den Atem verschlug und mich dann sofort überzeugte. Rrrrrespekt!

Danke an Daniela Wind aus der dtv-Presseabteilung, die aus der Ferne die Entstehung des Werkes begleitete. Effizient, wie sie ist, nutzte sie die Zeit und brachte die süße Teresa auf die Welt, um pünktlich zum Erscheinen des Buches wieder mit Rat und Tat vor Ort zu sein.

Danke an meinen Mann Bruno Reichart, der diesmal als Privatlektor über sich hinauswuchs, ehrlich interessiert alle Ideen immer wieder mit mir diskutierte und schließlich sogar einwilligte, ein Interview zu Fragen zu geben, die er bisher in dieser Art noch nie beantwortet hat.

Danke an meinen Sohn Daniel Reichart, der seine Auffassung von Respekt immer wieder einbrachte (vor allem unter dem Aspekt, was sich in seinem Umfeld geändert hat) und mir damit eine große Hilfe war.

Und danke an Alexandra Mayr, die dafür sorgte, dass – bei all dem Respekt! – unser tägliches Leben reibungslos weiterlief.